みんなで学ぼう

学 校 教 育 と

著作権

〜著作権の基本から指導まで〜

増補改訂版

森田 盛行・著

全国学校図書館協議会

もくじ

Ⅰ 学校教育と著作権

もくじ

Ⅲ 著作権Q＆A

はじめに

　学校において本、新聞、DVD等人が創作したものを収集し、保存し、提供して学校教育を支える機能を持つ学校図書館は、人の著作権を尊重し、それに関する法令を遵守して学校図書館の経営・運営を行います。また、児童生徒だけではなく、教職員、保護者、地域住民等にもその重要性を理解してもらうように働きかけ、校内で率先して児童生徒に著作権教育を行う任務があります。

　そこで、本書では日々創作物を利用して教育活動を担う教員、学校図書館の経営・管理・活用を支援する司書教諭・学校司書と学校図書館担当教員、そして学校図書館を支援してくださる学校図書館ボランティアの方々、さらに公共図書館等の生涯学習を支える方々を対象に、学校教育における創作の意義に対する理解を広め、人の創作物に対して敬意を持って接し、その創作物を学習活動等に利用するときに知っておくべきこと、留意すべきことについて、著作権を中心にできるだけわかりやすく解説しました。

　著作権は、学校教育の場ではあまり意識をしないですむ時期が長く続きました。著作権は大事な国民の権利である基本的な人権の一つですが、学校教育の場ではその意識は薄く、一部の著名な小説家、作曲家、画家等に関係するもので、一般の人たち、まして学校にはおよそ縁がないもの、関係ないものという考えが根強くありました。そのために、知らず知らずのうちに人の著作権を侵害したり、知ってはいても学校は該当しない、まして教員や児童生徒の学習活動、学校図書館の活動には関係ない、という風潮がありました。

　しかし、技術の発展により事情が大きく変わってきました。著作権とは、英語名がCopyrightと言うように、もともとは著作物を創作した著作者の複製する権利を守るために考えられた権利です。複製の方法は、少数部を手で書き写すことから一挙に大量の本を印刷するグーテンベルクの印刷術に進化し、さらに科学技術の発展と社会の要請により印刷以外の複製も容易にできるようになりました。

　特に、デジタルによる複製は画期的なものであり、複製の弱点であった複

製物の劣化が克服でき、複製にかかる経費も激減しました。これにより、人の創作した作品等が経費もかからずにほとんど実物と同じ複製物を作ることができるようなりました。その結果、人の創ったものを複製して利用したり、時間と手間と経費をかけて創作した著作物を軽視し、著作権者の権利をないがしろにする風潮が広がりました。

　一方、これまでは著作権はごく一部の人が持つことができる権利、いわば特権的な権利でしたが、コンピュータ技術を使えば誰でも著作物を創作でき、インターネットにより広く公表できるようになりました。今や、幼児から高齢者までも、誰でもが著作権を持つことができる時代になりました。

　さらに、産業構造そのものが変化しました。原材料からものを創ることに価値を認める社会から、知的行為により創造されるものに価値を認める社会に変化してきました。これまでもその動きはありましたが、ICT、AI（人工知能）の発展に伴い、知的行為による創造物がますます重要になってきています。今後ますますAIが発展し、ロボットが人間に代りこれまでの職業の多くが消滅するとも言われています。

　そのために、学校教育の中心は、AIができずに人しかできない創作力、想像力、共感力等の育成になると言われています。人の真似ではない人の感性を生かした創作力、いろいろな経験の積み重ねで得られる想像力、人と人の触れあいや協働により身につく共感力等は、学校教育によってこそ育まれます。特に、これからは創作力が重要になるものと思われます。

　本書では、創作力を重視する社会を法的に支える著作権法を中心に説明しています。それは、児童生徒に人の創作物に対する敬意、創作の大切さを指導する教員、その中核となる学校図書館担当者が著作権について詳しく知っておく必要があるからです。また、自分たちの教育活動で人の著作権を尊重し、著作権を中心とする知的財産権を侵害することがないようにするために必要な知識だからです。

　法律は、当然のことですが、各人が遵守することにより社会が成り立つ

ています。しかし、一方では、「法は最低限の道徳」とも言われています。法を守ることは、最高の倫理的な生活ではなく、人として社会生活をおくる際の最低限度の倫理ということになります。著作権法さえ守れば何をしてもよいのではなく、さらに高次の倫理観に基づく行為が求められています。学校は、その倫理観を育む場であり、著作権教育は、まさにその倫理観の育成が根底にあります。

　学校図書館の著作権に関する任務は、次の二つがあります。

①　著作権教育

　　児童生徒及び教職員に著作権に関する資料・情報を提供し、児童生徒に著作権に関する思考・態度・スキルを身に付けさせること

②　学校図書館の経営・運営

　　学校図書館に関する著作権の基礎的な知識と応用力に基づいて学校図書館の経営・運営に生かすこと

　本書がこの二つの任務に役立ち、児童生徒だけでなく教職員、保護者等、学校教育に関わるすべての人に著作権教育を広げるヒントとなれば幸いです。

増補改訂にあたって

　この数年で、世界が劇的に変化し、これまでSFでしか見られなかった世界が現実のものになりつつあります。AI（Artificial Intelligence）が予想以上に早く進化し、これまで実現や実用化は難しいとされていたさまざまな技術が実現し、広く普及してきました。特に2022年11月に公表された対話型生成AI（ChatGPT等）の普及は目覚ましく、公表後２か月で利用者が１億人を超えたとも言われています。

　このような情勢の中で学校教育も大きな変化が始まっています。つい最近まで、なかなかタブレットが学校現場に普及しないと言われていたGIGAスクール構想も2024年で第２期を迎えました。学校では生成AIを利用する授業が始まり、生成AIを使う授業・校務等の研究会・研修会には多くの学校教育関係者が参加し、生成AIをどのように効果的に利用したらよいのか、各地で実践が進められています。この情勢を鑑みて、文部科学省は2023年７月に「初等中等教育段階における生成AIの利用に関する暫定的なガイドライン」を公表しました。また、著作権に関しても大きく変わろうとしています。生成AIが「創作」した著作物の著作権は誰のものなのか、この議論も盛んになりましたが、文化審議会著作権分科会法制度小委員会は、2024年３月に「AIと著作権に関する考え方について」を公表しました。生成AIと著作権に関する考え方を整理したものであり、法的な拘束力を持つものではないとしていますが、現段階での指針を表したものと言えるでしょう。

　このような急激な社会の変化、生成AIの進化等に鑑み、新しい事項を採り入れた増補改訂版を刊行することにしました。増補、改訂した主な事項は、次の通りです。

　　「著作権と生成AI」の項目の新設
　　法第35条の改正に伴う内容の一部を改訂
　　Q&Aの項目の増加
　　関連資料の加除

　この増補改訂版が生成AIの進化、普及に伴う著作権法の改正等に対する学校現場の対応等について少しでも指針となれば幸いです。

学校教育と著作権

1 教育活動と創造性

（1）教育活動と学習材

　教育活動は、主として先人の著作物を学習材として利用することで成り立っています。明治時代から今日まで、学習材は教科用図書、いわゆる教科書が大部分を占めていました。戦前の初等教育は、この教科書だけを使う学習でした。教員が教科書の内容をかみくだいて教え、児童はその内容を理解し記憶する学習でした。児童中心というよりは教師中心の学習でしたが、西欧の進んだ社会に早く追いつくためには適した学習方法でした。科学技術がまだそれほど発達しない変化の緩やかな時代のときにはそれで対応できていました。

　戦後、科学技術の発達、社会の変化により教科書中心の教育活動では対応しきれないはずであったにもかかわらず、教科書中心の学習指導が続きました。しだいに教科書以外の学習材として視聴覚教材も取り入れられましたが、大勢は大きく変化しませんでした。

　学校図書館は、終戦直後から教科書・一斉指導中心の学習から多種多様な学校図書館資料（学校図書館メディア）を活用する児童生徒の主体性を生かした学習を標榜してきましたが、十分には広がりませんでした。

　コンピュータ、ICT、AIの発達・普及により、人の創造性が重視されるようになるにつれ、これまでの学習方法が見直されはじめました。これまでの教育のあり方では対応しきれないことが顕在化するにしたがい、多様なメディアを学習材として活用する学習方法が求められるようになりました。ここで豊富な学習材を持つ学校図書館が再認識されるようになり、学校図書館のあり方も変わってきました。図書中心から図書以外の多様なメディアも整備され、司書教諭・学校司書が情報活用教育を担うことにより、学校図書館の活用が一層効果的になっています。

（2）学習材の多様化

　教科中心の学習から、社会の多様な要求により教科書のない教育が広く行われるよ

うになり、幅広い学習材が必要となっています。これに対応できるのは多くのメディアを収集し利用しやすい形に保存している学校図書館しかありません。ネットワーク系電子メディアとしてウェブ上にある情報も、情報源として学校図書館メディアの一つとしています。信頼性に欠ける情報が多くありますが、学校図書館が関与することにより、利用することが容易になり、効果的な情報を得ることができます。

　学習材の大部分は知的財産であり、学習材が多様化するにしたがって、著作権を代表とする知的財産への対応が大きな課題となっています。

2 知的財産権

（1）知的財産とは

　近年、知的財産という言葉がよく聞かれます。他の財産とはどのように違うのでしょうか。財産とは、経済的価値のあるもの、具体的には土地・建物・物品の総称です。知的財産とは、「発明、考案、植物の新品種、意匠、著作物その他の**人間の創造的活動**により生み出されるもの」（知財法第２条[※1]）と言われています。両者の違いは人の創造的な活動の有無にあります。前者の財産も人が工夫をこらして創造するものですが、特に知的創作に重点があるものを指します。この知的財産を生み出した人が持つ権利が知的財産権であり、各種の法令等によって保護されています。

　この知的財産がこれからの時代の富を生む源泉になります。そこで、国は知的財産基本法を制定し、「新たな知的財産の創造及びその効果的な活用による付加価値の創出を基軸とする活力ある経済社会を実現」（知財法第１条）しようとしています。

（2）知的財産権の種類

　ひと口に知的財産権と言いましても、現在では**図１**のように多くの種類があります。この中で学校教育に最も関係のある権利が著作権になります。

　これらの諸権利は、それぞれの法令や判例を根拠にしています。法令は、なんとなく近寄りがたいもの、難しいもの、素人は知らなくてもよいものとして敬遠しがちですが、今日では人が創作したものを日々の学習指導や学校の管理・運営等で利用している教職員は、著作権の基本的なことを知っておかなくてはなりません。

　これらの主な権利について概略を知っておくことは、著作権の理解の第一歩となります。

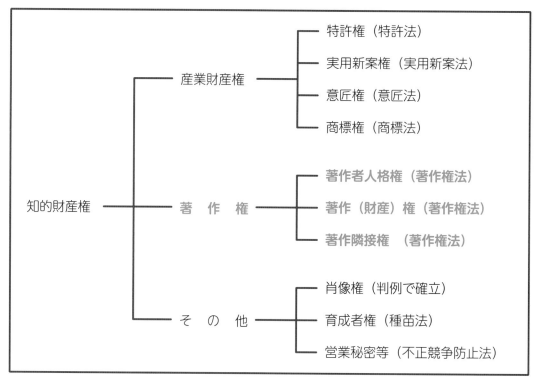

図1　知的財産権の種類

　次に、著作権以外の主な知的財産権について、概略を説明します。著作権については、詳しく後述します。

① **特許権**

　特許権とは、特許法により特許を受けた新規の発明を権利者が一定期間独占的・排他的に利用することができる権利です。特許法の目的は、「発明の保護及び利用を図ることにより、発明を奨励し、もつて産業の発達に寄与すること」（第1条）で、産業の発達を促進する意味合いが強くあります。発明とは、「自然法則を利用した技術的思想の創作のうち高度のもの」（第2条第1項）と、高度な創作を言います。また、自然法則を利用しないもの、例えば経済学上の法則によるものは、自然法則を利用していないので発明とはみなされません。

　この特許権は、特許庁の下記の観点により審査に合格したものに与えられます。

　ア　産業上利用可能性　産業上利用することができるもの（第29条第1項）

　イ　新規性　公然と知られていない新しく発明されたもの（第29条第1項）

　ウ　進歩性　発明が容易に創作できる程度のものではないもの（第29条第2項）

　エ　先順主義　同じ発明について二以上の特許出願がある場合は、先に特許出願があるもの（第39条第1項）

② 実用新案権

　実用新案権とは、実用新案法により物品の形状、構造又は組合せに係る考案を権利者が一定期間独占的・排他的に利用することができる権利です。法の目的は、「考案の保護及び利用を図ることにより、その考案を奨励し、もつて産業の発達に寄与すること」（第1条）にあります。考案とは、「自然法則を利用した技術的思想の創作」（第2条第1項）を言います。実用新案権は、特許権と似ているところがありますが、特許と異なり「高度」「精密」さまでは求められていません。この権利を得るための審査はありますが、形式審査が主で事実上は無審査とも言えます。この権利を設定登録すれば実用新案権が発生します。

③ 意匠権

　意匠権とは、意匠法により新規性と創作性があり美感を起こさせる外観の製品や商品のデザインについて独占的に利用できる権利です。この意匠法の目的は、「意匠の保護及び利用を図ることにより、意匠の創作を奨励し、もつて産業の発達に寄与すること」（第1条）にあります。「意匠」とは、物品（物品の部分を含む）の形状、模様若しくは色彩又はこれらの結合であつて、視覚を通じて美感を起こさせるものをいいます（第2条）。特許権、実用新案権のように「技術的思想の創作」ではなく、「美感」の観点から創作を見ています。

④ 商標権

　商標権とは、商標法により商品やサービスに付ける商標について独占的に利用できる権利です。商標法の目的は、「商標の使用をする者の業務上の信用の維持を図り、もつて産業の発達に寄与し、あわせて需要者の利益を保護すること」（第1条）にあります。商標とは、自社の商品やサービスを他社のものと区別するマーク（識別標識）です。商標は、文字、図形、記号、立体的形状のほかにも、見る角度によって文字や図形が変化するホログラム、音楽・音声・自然音等も商標になります。この商標が自社の実績、信用、信頼等の目印となり、売り上げにつながります。商標を登録することで商標権は発生します。すでに登録されているものや類似のものは登録することはできません。

⑤ 肖像権

　肖像権は、一般的には、自分の容貌、容姿等を無断で写真に写されたり、絵画に描かれたりして利用されない権利です。これは法律上に明文規定されているものではありませんが、これまでの判例の積み重ねで確立されていったものです。

　肖像権には、二つの側面があります。自分の情報をコントロールしたり、私的な情報をみだりに知られないようにするプライバシー権と、財産権の一つで顧客誘引力のある著名人、人気のある芸能人が持つパブリシティー権です。通常は、ビジネスの世界で肖像権というときには、このパブリシティー権を指すことが多いようです。

著作権はいつごろから？

　著作権の思想が形成されるには、長い年月がかかりました。ヨーロッパでは古代から奴隷が写本を行い、中世にはキリスト教の僧が行い、知識を独占していました。その頃は今日でいう著作権の概念はありませんでした。

　その状態を打ち砕いたのが15世紀にグーテンベルクが実用化した活字による印刷術です。これにより聖書が一般市民にも急速に普及し、宗教改革の端緒となったことは、有名な話です。

　ところが、本が大量に発行されるにしたがい、海賊版も広がっていきました。海賊版は、まさに複製の技術の進歩と共に発展してきたのです。今では、映画が一般に公開される以前に海賊版が出回る、という残念なことも広がっています。海賊版に対応するためにヨーロッパの国々ではさまざまな法が制定され、本の発行者や著作者の権利が守られるようになると同時に著作権思想も普及していきました。

　わが国では、明治2（1869）年に出版条例が制定され、後の著作権法につながります。その後、社会の変化、科学技術の発展、国際条約の締結等により、明治32（1899）年に著作権法（旧制）が制定され、欧米並みの法律となりました。

　戦後は科学技術の発展が速く、社会の変化に法が追いつかなくなりました。そこで抜本的に改正することになり、昭和45（1970）年に新たな著作権法が制定されました。さらに、Society4.0（情報社会）からSociety5.0（超スマート社会）を迎えつつある社会の変化に対応するために、現行法の抜本的な改正が望まれています。

3 著作権法

　著作権法は、明治時代から制定されていましたが、1970年に大改正されました。この後、社会情勢の変化、科学技術の発展に対応して改正を繰り返し、複雑なものになっています。特に、ICTが急激に発達した今日では、それに対応しきれない面もあります。

(1) 著作権

　著作権は、我が国では著作権法（以下「法」という。）によって保護される著作者が創作した著作物に対して持つ権利です。この権利により、著作者の人格的利益と財産的利益の二つの利益を得ることができます。これらは、それぞれ著作者人格権、著作（財産）権の二つの権利として法により保護されています。人格的な利益とは、金銭では表せないその人が持つ名誉、声望等の利益のことです。もう一つの財産的な利益は、金銭で表せる財産やそれを利用する権利です。

　以下、著作権法にそって説明していきます。

① 著作権法の目的（法第1条）

　法の目的は、「この法律は、著作物並びに実演、レコード、放送及び有線放送に関し著作者の権利及びこれに隣接する権利を定め、これらの文化的所産の公正な利用に留意しつつ、著作者等の権利の保護を図り、もつて文化の発展に寄与することを目的とする。」（法第1条）としています。すなわち、著作者及び関連する権利を持つ者の権利を保護することにより創作物の作成を促進し、文化の発展に寄与することを目的としています。

　この後、この法には、あまり聞き慣れない用語が出てきます。「著作者」、「有線放送」という用語は、日常の会話でも使われる用語ですが、「著作物」「実演」「隣接する権利」等々、日常語としてはあまり使わない用語が出てきます。実はこれらの用語は、後述するように、法できちんと定義されています。日常語とは、意味や内容が異なる面も多々ありますので、正確を期すために法で定義をしています。

② 著作者の権利

　この法は、著作者が創作した著作物に対して以下のようなさまざまな権利を保護しています。この各権利を束にしたものの総称が著作権です。つまり、法で言う著作権とは、

著作者が著作権法により、自分の著作物に対して持つ権利

のことです。創作した著作者は、自分の著作物を自由に利用できることになります。

一方、著作者以外の人は、著作権を持っていないので、この著作物を黙って利用すると著作者の持つ権利を侵害したことになります。つまり著作者以外の人は、この著作物を自由に利用できないことになります。

著作権は、**図2**のように著作者人格権と著作権の二つに分けられます。このうち、著作権は、財産権であることを明確にするために著作財産権と表すこともあります。本書では、財産的側面を表す場合には、著作（財産）権と表現します。

◆著作者人格権

著作者人格権とは、著作者の名誉等の金銭では表せない精神的な利益を保護する権利です。誰でも自分が制作した作品を自分の知らないうちに他人から勝手に手を加えられたり、自分の名前とは異なる名前で発表されたり、ウェブ上に載せられたりすることは嫌なことです。名誉が失われたり、社会的信用を失ったり、心が傷つくこともあります。そこで、法はそうならないように著作者人格権として人格や名誉を保護しています。

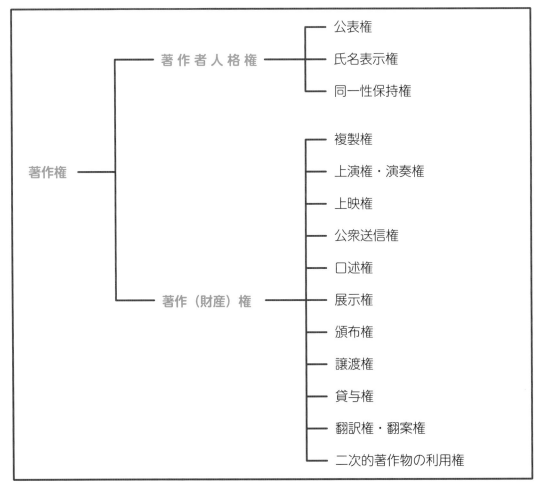

図2　著作権の種類

この権利は、財産権ではありませんので、財産権のように譲渡、相続等をすることはできません。また、この権利は、権利が他の人に移らない一身専属ですので、著作者が死亡すれば消滅します。ただし、消滅しても、人がこの権利を侵害するような利用をすることは許されていません（24ページ参照）。

この権利には、三つの権利（支分権）があります。

ア　公表権（法第18条）

公表権とは、自分の著作物を公表する、又はしない、公表する時期や方法を決定する権利です。公表とは、発行、上演、演奏、公衆送信、口述、展示、上映の方法で公衆に提示することです。公衆とは、法律によって定義が異なりますが、著作権法上では「不特定の人」又は「特定かつ多数の人」を意味します（法第2条第5項）。「不特定の人」とは、特定できない人すなわち誰でものことです。「特定かつ多数の人」とは特定できる多数の人と言われています。会員制のクラブ、子ども会、自治会等のように個人が特定できる一定以上の人数の団体等が該当します。

イ　氏名表示権（法第19条）

氏名表示権とは、著作物を公表する際に、自分の実名や変名で表示する又はしないことを決定する権利です。変名には、筆名、ペンネーム、ハンドルネーム、芸名、雅号等も該当します。氏名には称号や肩書き等も含められます。

ウ　同一性保持権（法第20条）

同一性保持権とは、著作物の内容を無断で変更や削除をされない権利です。自分の知らない間に著作物の内容を変えられたり、一部を付け加えられたり削除されたりすることは、著作者にとっては耐えがたいのものです。

◆著作（財産）権

著作（財産）権は、財産権の一つなので、日本国憲法第29条で「財産権は、これを侵してはならない。」と規定するように基本的人権の一つであるとされています。

この著作権は、所有権のようにものの実体と一体ではないために理解しにくいところがあります。ものの所有権を他に売るときに、複数の相手に売ることはできません。ところが、著作権は複数の相手に売ったり、貸したりすることができます。例えば、A氏が小説を書いたとしましょう。すると、作者A氏は、著作者であり、かつ著作権も持つ著作権者になります。そこで、A氏はその小説をB氏にはフランス語に訳する権利（翻訳権）を、C氏には映画にする権利（映画化権）を、D氏には紙芝居にする権利（翻案権）を、というように著作（財産）権を分けて譲渡することができます。この譲渡には、ビジネスの世界では多額な金銭のやりとりがありますので、著作（財産）権は莫大な富を生む重要な権利として保護されています。

ア　複製権（法第21条）

　複製権とは、著作物を印刷、撮影、視写、録音、録画等の方法で有形的に複製することができる権利です。複製と言うとコピー機でコピーすることだけだと思いがちですが、有形的に複製することは、すべて複製になります。手で書き写すことは複製ではないと思っている方が多いようですが、これも複製となります。口述を録音する、テレビ番組を録画する、雑誌のグラビアをスマホで撮影することも複製となります。研修会や講演会で講師が自作のプレゼンテーション資料を映写しているときに、その映像をスマホ等で撮影することを見かけることがありますが、この撮影も複製になります。

イ　上演権・演奏権（法第22条）

　上演権・演奏権とは、著作物を公に上演したり、演奏したりすることができる権利です。典型的なものは、劇を上演する、ピアノ・バイオリンなど楽器で曲を演奏することなどです。上演・演奏したものを録音したり録画したりしたものを再生することも含まれています。

ウ　上映権（法第22条の2）

　上映権とは、著作物を公に上映することができる権利です。上映とは、著作物を映写幕（スクリーン）に映すことです。上映というとスクリーンに映す劇場用の映画を指すことだと思われがちですが、映写幕に映すことだけではなく、ビデオをテレビ画面に再生すること、プロジェクターでスクリーンに映す、ディスプレイに映すことなども上映になります。

　上映する著作物は、映画のほかにもビデオ、アニメ、コンピュータゲームの動画を映すことも上映となります。映画の著作物だけではなく、書画カメラでプリントや写真等の著作物を投影することも上映になりますので、人の著作物をプレゼンのためにスクリーンに映すときには著作者の許諾を得なければなりません。ただし、営利を目的としないのであれば許諾は必要ありません（法第38条第1項）。

エ　公衆送信権（法第23条）

　公衆送信権とは、著作物を放送や有線放送したり、自動公衆送信したり、それを受信装置を使って公に伝えることができる権利です。この公衆送信には、放送、有線放送、自動公衆送信があります。放送とは、テレビ、ラジオ等のように同一の内容を同時に受信させるために無線通信で送信することです。有線放送とは、ケーブルテレビや有線放送のように有線電気通信で送信することを言います。自動公衆送信とは、著作物を自動送信装置（サーバー）にアップしておいて公衆からの求めに応じて自動的に公衆送信することを言います。また、このように自動送信装置（サーバー）にアッ

プしていつでも送信できる状態にする送信可能化権も含みます。

現在では、公衆送信と言いますと、インターネットを利用する自動公衆送信と送信可能化権のことを指す場合が多くなっています。つまり、ホームページの利用には、この公衆送信権が関わりますので、いったんホームページにアップしたときの影響の大きさを考慮すると、より慎重な対応が必要となります。

オ　口述権（法第24条）

口述権とは、著作物を朗読、講演、演説等の口頭で公に伝える権利です。自分で書いた小説や詩を朗読したり、自分で書いた論文に基づいて講演をしたりすることもあてはまります。口頭とは、直接聴衆に口述するだけではなく、朗読や講演を録画・録音したものを再生することも含みます。

研修会で後々の参考のために録音する人がいますが、これは講師が事前に録音を許諾しなければ講師の口述の複製権と、その録音を再生しますと口述権を侵害する場合があります。

カ　展示権（法第25条）

展示権とは、「美術の著作物と未発行の写真の著作物の原作品」を公に展示する権利です。この展示権に関する著作物は、美術と写真の原作品の二つだけであり、著作物すべてが対象ではないことに注意しましょう。例えば、本の表紙で美しい絵を描いたカバーは、絵の原画を元にして印刷したものなので、原画の複製物となります。そのためにこのカバーの絵は展示権が働きません。したがって、本のカバーの展示は、許諾を得ずに自由にできることになります。

写真の原作品は、ネガからプリントされたものでまだ発行されていないものを指します。通常では一般の人には入手しにくいものです。通常入手可能な写真は、ネガやプリントから版を作って大量に印刷されたブロマイド、ポスター、本・雑誌の表紙等の印刷物（複製物）ですので、ここに言う写真の原作品には該当しません。したがいまして、これらの写真は許諾を得ないで展示できます。

キ　頒布権（法第26条）

頒布権とは、「映画の著作物」の複製物を頒布する権利です。頒布とは、譲渡したり、貸与したりできる権利です。この映画の場合は、映画フィルム（原著作物の複製物）を公に上映するために譲渡したり貸与することを指し、映画の著作物だけに認められている権利です。これは、劇場用映画フィルムの配給を著作権者（映画製作者）がコントロールするために作られた権利だと言われています。

ク　譲渡権（法第26条の2）

譲渡権とは、映画の著作物以外の原作品又は複製物を公衆（不特定多数）に譲渡に

Chapter I

よって提供できる権利です。これにより人は著作権者の許諾なしで原作品又は複製物を公衆に譲渡することはできません。ただし、特定少数の者に譲渡することは、この規定に該当しませんので譲渡できます。また、いったん著作権者又はその許諾を得た者から譲渡されると、それ以降の譲渡に関してはこの権利は及びません。そのためにCDショップで購入した（譲渡された）CDを他に譲渡することは許諾を得ないでできます。

ケ　貸与権（法第26条の3）

貸与権とは、映画以外の複製物を公衆（不特定多数）に貸与することができる権利です。著作者以外は、貸与することはできず、貸与する場合には著作者の許諾が必要となります。ただし、営利を目的としない貸与の場合には、許諾を得ないで貸与することができます（法第38条第4項）。したがって、購入した本を友だちどうし無料で貸し借りすることは許諾を得ないで行えます。また、学校図書館や公共図書館は、営利を目的とせずに本を無料で貸出しをしているので許諾を得ないでできます。ただし、貸与権は映画の著作物には働きませんので、無料でも貸し出すことはできません。

視聴覚資料を公衆の利用に供することを目的とし、営利を目的としない視聴覚教育施設（公立の視聴覚センター等）その他の施設は、許諾を得ないで貸出しはできますが、著作権者には補償金を支払わなければなりません（法第38条第5項）。

コ　翻訳権・翻案権（法第27条）

翻訳権・翻案権とは、著作物を翻訳、編曲、変形、脚色、映画化等翻案することができる権利です。翻訳とは、小説などを他の言語に訳することです。翻案とは、その作品の思想・感情や基本的な筋、構成等を保ちつつ、表現方法を変えたり、新たな創作性を付け加えたりすることです。例えば、小説を映画化することは、翻案になるので著作者の許諾が必要です。変形とは、絵画を彫刻にするように著作物を他の表現形式へ変更することです。

サ　二次的著作物の利用権（法第28条）

二次的著作物の利用権とは、人が創作した著作物を他の人が翻訳、翻案等をして新たに創作した二次的著作物の利用に関して、原著作者は二次的著作物の著作者が持つ著作権と同等の権利を利用することができる権利です。例えば、A氏が書いた小説をB氏が映画に翻案した場合には、B氏はその二次的著作物である映画についての著作権を持つことになります。すると、小説を書いたA氏は、映画にしたB氏が持つ著作権と同様の権利を持つことになります。さらにC氏がこの映画をアニメに翻案しようとするときには、B氏の許諾を得るほかに、原著作者のA氏の許諾も得なくてはなりません。

③ 著作物

　さて、これまで著作物という用語を使ってきましたが、実はこの著作物という用語は、通常使われる意味と異なります。通常は著作物とは「著作者が著作したもの」（広辞苑第7版）を意味します。著作したものの内容等については関係なく、著作されたものすべてを著作物と言っています。

　しかし、法で規定する「著作物」は、厳密な定義に該当するものを言い、その「著作物」は法により保護されます。反対に、その定義に該当しない著作物は、法によって保護されませんので誰でも自由に利用することができます。

　では、法の定義する著作物とはなんでしょうか。

　法は、「思想又は感情を創作的に表現したものであつて、文芸、学術、美術又は音楽の範囲に属するものをいう。」（法第2条第1項第1号）としています。

　これをわかりやすく、分けてみました。

```
① 思想又は感情　　（物真似ではない）
② 創作的　　　　　（ありきたりではない）
③ 表現したもの　　（人が感知できる）
④ 文芸、学術、美術又は音楽の範囲に属するもの
```

　この四つの要件をすべて満たしたものが「著作物」となります。一つでも適合していませんと「著作物」ではなくなります。

　「思想又は感情」とは、人が考えたり感じたりして表現することです。この考えは、哲学的な深い思想ではなくてもよいのです。感情も芸術的な感情を表現するのではなくてもよいのです。日常生活を綴った日記、幼児が自分の気持ち、感じたことを描いた絵も人の思想や感情を表現したものなので「著作物」になります。しかし、動物が描いた絵は、人が描いたものではないので「著作物」にはなりません。

　「創作的」とは、高度なもの、独創的なものではなくてもよいのです。人のものを真似していない自分のオリジナルのものであればよいのです。しかし、ありふれた表現は、誰でも思いついて同じような表現になるので「創作性」に欠けるものとして「著作物」にはなりません。例えば、五月晴れの爽やかな1日について「今日は1日中晴れていた。」と書いた文は、誰でも書け、創作性に欠けるものになります。

　「表現したもの」とは、誰でもが感知できるような表現法によって具体化することです。紙、フィルム、DVD等に固定したものではなくても、人が感知できればよいので、講演で話すことも表現になり、口述の著作物になります。しかし、アイディア

のままで表現していないものは「著作物」にはなりません。

　「文芸、学術、美術又は音楽の範囲」とは、文芸・学術・美術・音楽に関する「著作物」のことです。教育に関することは学術に関するものとしてこの範囲に入ります。幼児が書いた絵は美術の作品としてこの範囲に入ります。ただし、工業的に大量生産されるゲームの景品となるぬいぐるみは、工業デザインとされ、著作権法の対象外ということになります。これらは、意匠法等によって保護されます。

　ただし、一つひとつの著作物が創作性に欠けているとして「著作物」ではないとされても、それらを素材として選び、構成したものは、創作性のある編集物として「編集著作物」になります（法第12条）。

　この定義だけでは、よくわからない面もありますので、法で例示している著作物の種類を次の**表1**にまとめました（法第10条第1項、第11条、第12条、第12条の2）。

　このように見ますと、学校図書館には、「著作物」が多くあることに気付かされます。これらを学校教育で利用するときに、著作権について十分注意しながら活動することが大事であることがわかります。学校図書館は著作権や情報モラルについて指導する任務を負っていますので、その学校図書館が人の著作権をないがしろにすることは許されることではありません。児童生徒、教職員、保護者等の信頼を失う結果となるでしょう。

表1　著作物の種類

言　語　の　著　作　物	小説、脚本、論文、レポート、詩歌、俳句、講演
音　楽　の　著　作　物	楽曲、楽曲を伴う歌詞、即興演奏
舞踊、無言劇の著作物	舞踏、バレエ、ダンス等の舞踊や パントマイムの振り付け
美　術　の　著　作　物	絵画、版画、彫刻、まんが、書、舞台装置など 美術工芸品も含む
建　築　の　著　作　物	建造物自体（設計図は図形の著作物）
地図、図形の著作物	地図、学術的な図面、図表、模型
映　画　の　著　作　物	劇場用映画、テレビ映画、ビデオソフト
写　真　の　著　作　物	写真、グラビア、ブロマイド、絵はがき
プログラムの著作物	コンピュータ・プログラム
二　次　的　著　作　物	翻訳、編曲、変形、脚色、翻案して作成したもの
編　集　著　作　物	百科事典、辞書、新聞、雑誌、詩集
デ　ー　タ　ベ　ー　ス	データベース

④ 該当しないもの（法第13条）

法は、以下のものを保護の対象外としています。これらは、法が保護していませんので、誰でも許諾を得なくても自由に使えます。

・事実の単なる伝達にすぎない雑報及び時事の報道

・法律・条例、規則

・国、地方公共団体、独立行政法人等の告示、訓令、通達

・裁判所の判決、決定、命令、審判

・これらの翻訳物、編集物で国、地方公共団体、独立行政法人等が作成するもの

単に事実を伝えるための創作性の低い文章は、保護の対象にしないとしています。そのために、新聞記事の単に事実だけを書いた短い記事は、著作物に該当しません。ただし、工夫された表現や記者の意見等が入っている記事の場合には創作性があるとして「著作物」となることもあります。

また、法治国家は、法令等を国民に広く知らせること、国民が知っていることが前提で成り立ちます。知らなかったからこの法律に違反しても罪にはならない、としたら法律は機能しなくなるでしょう。そのために、国や地方公共団体等の作成する法律・条例や裁判の判決・決定や行政の出す告示等は、保護するものの対象外として、法がこれらの普及の妨げにならないようにしています。

⑤ 著作権の取得（法第17条第2項）

著作権は、著作物を創作した時点で発生し、法により著作権が保護されます。つまり著作者は、著作物を創作すると自動的にその著作物の著作権を得ることができます。役所に届けたり、国等の審査を受ける必要はありません。同じ知的財産権である特許権のように国の厳しい審査を受けずに、著作物を創作するだけでその著作物の著作権が得られることになります。これを無方式主義と言います。

しかし、氏名を公表しなかったり、ペンネームの場合には、他の人から見れば誰が著作者かよくわかりません。また、著作権を人に主張したり、人に侵害されたとき自分が著作権を持つ者だと対抗しにくくなります。そこで、自分が著作者であることを登録する制度があります。文化庁等に登録することにより著作権者が明確になります。登録は任意に行うことですので、登録をしなくても著作物を創作すれば著作権は持つことになります。

著作物の中には、©マークが表示されているものを見かけることがあります。この©マークは、英語で著作権を表すCopyright（コピーライト）の頭文字から取ったマークですが、これは著作権が保護されている著作物であることを宣言するために表示しているものであり、法的には意味がありません。日本では、手続きが不要な無方式主

義ですので、この©マークを付けなくとも著作権があることを主張できます。

⑥ 著作者と著作権者

　著作者と著作権者は、似ている表現ですが、意味は異なります。著作者とは、著作物を創作した者を表します。著作権者とは、著作物の著作権を持つ者を表します。通常は著作者は著作物を創作した著作者であり、同時に著作権を自動的に得るので、著作権者でもあります。つまり、著作物の創作者は、著作者であり著作権者でもあるのです。

　しかし、一つの著作物に対して、著作者と著作権者が異なることがあります。どうしてこのようなことになるのでしょうか。

　前述のように、著作権は、著作者人格権と著作（財産）権の二つがあります。このうち、著作（財産）権は、財産権として譲渡、貸与、相続等ができます。例えば、A氏が小説を創作し、その後に小説の著作（財産）権をB氏に譲渡したとします。すると、A氏は著作者ではありますが、著作（財産）権は譲渡してしまっているので著作権者ではなくなります。ただし、著作者人格権は譲渡できないのでA氏が持っています。ところで、A氏はさらにC氏にも同じ著作（財産）権を譲渡できるのでしょうか。譲渡はできません。なぜならば、A氏はすでに著作権を持っていないからです。

　一方、B氏は、著作権者として著作（財産）権は持っていますが、著作者人格権は持っていません。B氏が小説の主人公の名前が気に入らないからといって、勝手に名前を変えて公表することはできません。もし、改変するとA氏に、A氏が死去している場合にはA氏の遺族に改変したことに対して訴えられることになります（法第116条）。

⑦ 保護期間（法第51条、第52条、第53条、第54条）

　著作物は、法によって保護されていますが、その権利が未来永劫保護されるわけではありません。著作物は、新しい著作物を創作するために一定の期間が過ぎると誰でも自由に利用できるように保護する期間が制限されています。著作権者の権利の保護と著作物の利用による新しい創作の振興とのバランスを取って、保護期間に制限をかけているわけです。

　著作権の保護期間は、著作物を創作したときから著作者の死後70年です（法第51条）。複数の著作者が創作した共同著作物は、最後に死亡した著作者の死後70年となります（法第51条）。著作物が無名や変名で公表されたときには、著作者の死亡年月日の特定が困難ですので著作物の公表後70年となります（法第52条）。ただし、変名でも筆名や芸名のように広く社会で知られている場合には、この限りではありません。映画や団体名義の著作物は、公表後70年ですが、もし創作後70年経過しても公

表されなかった場合は、創作後70年となります（法第53条、第54条）。

　保護期間の計算は、死亡・公表・創作した年の翌年の１月１日から起算します。例えば、20歳のＡ氏が2019年11月18日に小説を書いて、2099年１月３日に100歳で亡くなったとしますと、存続期間の計算は、次のようになります。

　　創作年月日：2019年11月18日

　　　〜　　　　　存命中80年間

　　死亡年月日：2099年１月３日

　　2100年１月１日（死亡日翌年の１月１日から起算）

　　　〜　　　　　死亡後70年間

　　2170年12月31日

あわせて150年間

〈著作権の保護期間：存命中80年間　＋　死亡後70年間　＝150年間〉

　このように、この小説は150年の間、著作権法によって保護されます。他の人からすれば、150年間は、著作者・著作権者又は著作（財産）権を相続した著作権継承者（多くは遺族）の許諾を得ないとこの小説を出版したり、映画化したり、他の言語に翻訳して出版したり、口述したりすることはできないことになります。

⑧　罰　　則（法第119条）

　著作権法違反には、刑事罰と民事罰があります。科学技術が発展するにつれて違法行為による損害が多くなり、それに比例するように罰則も重くなってきました。特に、ITの発展によるアニメ、ゲーム等の著作権ビジネスが発展してきた現在は、違法行為による損害が巨額になってきました。その対策として罰則は他の犯罪と比較しても相当重く改正されてきました。

　個人の場合は、刑事罰として10年以下の懲役、1000万円以下の罰金であり、法人の場合は、３億円以下の罰金となっています（法第119条、第124条）。さらに、これまでは被害者が訴えなければ公訴されない親告罪でしたが、海賊行為の増大、悪質化に伴い被害者の訴えがなくても検察が公訴できる非親告罪化されました。この対象は、利益を求めるための映画の海賊版の販売やネット配信に限られていますが、生徒が違法だとは知らないまま著作権者に巨額の損失を与えてしまう事例もありますので十分注意する必要があります。

（2）著作物の利用

①　著作物の利用法

　著作物の利用には、原則として著作権者の許諾が必要です。許諾を得る方法には、次の二つの方法があります。

ア　著作権者から許諾を得る

　著作権者本人又は代理人から直接許諾を得る方法です。著作者が後述の著作権管理団体に著作権の管理を委託していない場合には直接手紙、メールによる許諾を願い出ます。本の執筆者の場合には、本の出版社が著者との仲立ちをすることもあります。出版社のホームページに著作権について掲載されていることもありますので、まずはホームページを見てみるとよいでしょう。児童書の場合は、出版社が窓口として対応することもあります。

　どちらにしても、後々のトラブルを避けるためには、文書で許諾願いと許諾書を交わす方がよいでしょう。文部科学省文化庁のホームページには、「誰でもできる著作権契約」（https://pf.bunka.go.jp/chosaku/chosakuken/keiyaku_intro/）のページがあり、そこの「著作権契約書作成支援システム」を利用しますと比較的簡単に作成できます。

イ　著作権管理団体に申し込み等をして許諾を得る

　著作者によっては、自分の著作権を著作権管理団体に委託している人もいます。この場合は、著作物によって管理する団体が異なりますので、著作物に適する団体に著作物利用の申込みをします。本書の138ページに管理団体の一覧表がありますので、それをご覧ください。管理団体のホームページを見ると詳細がわかります。

（3）許諾を必要としない利用

　人が作成したすべてのものを、法が保護しているわけではありません。著作物は、新たな創作の源であり、それを法によりがんじがらめに縛り付けると新しい創作ができなくなります。そこで、法は著作権の一部を制限しています。前述の保護期間の制限もその一つです。

　以下のように多くの制限規定があります。著作権に制限をかけるということは、利用者側から見ますと許諾を得ないで自由に利用できることになります。例えば、学校教育に関係する制限規定は、次代を担う児童生徒たちの教育を受ける権利を保護するために、著作者の権利を大幅に制限することになります。

① 著作物に該当しないもの

　法で定義する「著作物」に該当しないものは、法により保護されませんので、許諾を得ないで自由に利用できます（23ページ参照）。ただし、著作者はそのものの著作権はなくても、そのもの自体の所有権はありますので、勝手に持ち去ったり、売ったり、質に入れることはできません。

② 保護期間が切れたもの

　著作権の保護期間が切れた著作物も同様に許諾を得ないで自由に利用できます。ただし、著作者人格権には保護期間はなく、著作者の死亡まで存続します。この著作者人格権は死後に消滅しても人が勝手に加除訂正したり、氏名を変えて公表したりしてはいけないことになっています（法第60条）。

③ 私的使用のための複製（法第30条）

　個人的、家庭内などのごく限られた範囲内で、仕事等の目的ではない利用の場合の複製は、許諾を得ないで自由に利用できます。同様の目的であれば、翻訳、編曲、変形、翻案もできます。ただし、この複製物を私的使用以外の目的のために利用することはできません。この範囲は、家庭内だけではなく、家庭内に準ずるような特定少数のグループも該当します。

　デジタル方式の録音・録画機器等による著作物を複製する場合には、補償金を支払います。実際には、利用者がテレビの番組を録画（複製）するたびに補償金を支払うことは現実的ではないために、デジタル方式の録画機の価格にあらかじめ補償金分を上乗せして、著作権者にまとめて支払う方法をとっています。また、私的使用が目的の複製であったとしても、違法に複製された著作物であることを知りながら音楽又は映像をインターネット上からダウンロードすることはできません。

④ 図書館での複製・自動公衆送信（法第31条）

　図書館では、自館の図書館資料について、次のことは許諾を得ないでできます。

　ア　利用者の求めに応じてその調査研究のために、著作物の一部分の複製物を提供すること。定期刊行物の場合は、発行後相当期間を経過しているもの

　イ　図書館資料の保存のため必要がある場合

　ウ　他の図書館等の求めに応じ、絶版等により入手困難な図書館資料の複製物を提供すること

　ただし、この図書館は、公共図書館、大学図書館、高等専門学校図書館、文化庁指定の公益法人の図書館等が対象であり、学校図書館は含まれていません（施行令第1条の3）※2。そのために、公共図書館が行っている、いわゆるコピーサービスは学校図書館ではできません（40ページ参照）。

⑤ 引　用（法第32条、最高裁判例昭和55年等）

　公表された人の著作物の一部を自分の著作物に利用することを引用と言います。引用は、単に人の著作物を利用することではなく、引用しなければならない必然性があってはじめて引用となります。引用する必要もないのに、人の著作物を自分の著作物の一部に入れたり、どれが自分のものか、どれが人のかわからないような場合は、引用

したとは言えません。このようなことは、児童生徒のレポート等ではよく見られます。ほとんどが人の著作物を複製したもので埋まり、自分の意見や考えがほとんどないものなどは、引用云々の以前に学習として成り立つのか、学習の意義があるのか等が問題になります。

　引用の目的は、自分の意見等を補強したり、裏付けしたり、よりわかりやすくするために人の著作物の一部を利用することです。例えば、レポートを作成する際に自分で調べたり、分析したり、考察したりして出した結論を補強するために、同趣旨の本、論文、新聞記事、図、表、グラフ、写真等の一部を載せることです。

　法では、引用する場合のア〜ウの三つの要件を挙げ、この要件をすべて満たせば許諾を得ないで自由に利用できると規定しています。一つでも欠けると引用とはみなされません。

ア　公正な慣行に合った方法で行うこと

著作物の種類、引用の目的等により社会通念上認められる方法で行うことを言います。

イ　報道、批評、研究などに利用すること

学校教育は、当然この要件にあてはまります。

ウ　正当な範囲や分量の範囲以内で利用すること

引用される著作物が必要以上に引用されると、それは翻案、複製とほぼ同じになりかねません。そこで、法は著作権者の利益を不当に害さない範囲内と限定しています。

　さらに、裁判の判例により、以下のことが引用の際に必要な項目として確立しています。

エ　「主従関係」が明確であること

　自分の著作物より人の著作物が大部分を占める場合は、引用から逸脱するとしています。自分の著作物が量だけではなく質的にも「主」であり、人の著作物は引用の目的を達成するための必要最小限度の「従」の関係が必要です。児童生徒のレポートにありがちですが、自分の文章が1割ほどで残りの9割が人の著作物で占められている、これでは自分の著作物とは言えませんし、学習の意味も効果もありません。

オ　明瞭区分性

　自分の著作物と引用した著作物は、誰が見ても明確にわかるようにする必要があります。

引用された部分がわかりませんと、その著作物に対する信頼性が揺らいでしまいます。さらに、盗作と誤解されるおそれもあります。

区別が明確にわかるようにするには、いくつかの方法があります。引用した部分を「 」でくくる方法が広く行われています。そのほかに、段落を変えて文頭をさげる、書体を変える等の方法もありますが、学校教育では「 」が明瞭性が高いのでよく行われています。

カ　引用する必然性

なぜ人の著作物を引用するのか、その質問に答えられるように、引用するにはそれだけの必然性がなければなりません。例えば、環境問題として自動車を例にして論ずるレポートに、自動車の貿易摩擦について経済学者の書いた環境問題にまったく触れていない文章、図、グラフ等が多く載っていると、必然性がないと判断されるでしょう。

キ　出所を明記すること

引用した著作物は、誰の著作物かどうかがわかるように必ず出所を明記します。文献の場合には出典として次の事項を書くようにするとよいでしょう。

図　書	著者名、書名、出版社名、出版年、引用するページ
雑　誌	著者名、題名、雑誌名、号数、発行年、引用ページ
新　聞	紙名、発行年月日、朝夕刊、版、見出し
ウェブサイト	著者名、ページタイトル、サイト名、引用ページの最終更新日、ページURL、引用した日及び時刻

出所は、原則として引用した文の近くに書きます。少なくとも同じページの下に書きます。最後にまとめて書く例もありますが、引用文と出所が結び付きにくくなりがちです。

なお、著作物の最後や巻末に「参考文献」として参考にした文献等の書誌事項を載せることがありますが、これはあくまでも参考にした文献の一覧であり、出典にはなりません。

引用は許諾を得ないで行えるために便利に利用しがちですが、あくまでも人の著作物を利用させていただくわけですので、引用の意味をしっかりと捉え、引用する必要があります。

ク　著作者人格権を守ること

引用する場合には、引用する著作物の著作者人格権を侵害しないように十分注意する必要があります。著作物は、改変をしないでそのまま現状の形で引用します。勝手に変更したり、付け加えると同一性保持権に抵触します。正確な引用ではない誤った

文や写真を引用として掲載したときに、引用された著作者の名誉を傷つけてしまうこともあります。引用する際には、慎重に誤りなく原文通りに引用します。また、公表されていない著作物は、引用できません。

⑥ **学校等における複製等（法第35条第1項）**

　学校やその他の教育機関は、許諾を得ないでも人の著作物の複製、翻訳、編曲、変形、翻案、公衆送信[※3]ができます。児童生徒の教育には、先人の著作物を利用することは当然のことであり、著作権より子どもの教育権を優先するために著作者の権利を一部制限することにしています。

　法第35条により、次の五つの要件をすべて満たせば、著作者の許諾を得ないで著作物を広い範囲で利用できます。

ア　公表された著作物であること

　利用できる著作物は、公表されているものです。まだ公表されていないものは利用できません。公表とは、発行、公衆送信等の方法で公衆に提示することであり、学校では出版された本、新聞、雑誌、DVD、ホームページからダウンロードした資料等が該当します（17ページ参照）。

イ　教育を担任している者及び授業を受ける者が複製すること

　複製等を行う主体は、「教育を担任する者及び授業を受ける者」としています。教育を担任する者とは、年間指導計画・カリキュラムに則る授業を行う責任を有し、その授業の授業計画を作成し、実施する者を指します。したがって、学校司書はこの「担任する者」に該当せず、学習活動に関わらないものと解されてきました。しかし、2014年の法改正を受けて制定された「学校図書館ガイドライン」（2016年文部科学省）には、学校司書は「学校図書館を活用した授業やその他の教育活動を司書教諭や教員とともに進める」と、学校司書が学習活動に関わることが明記されています。したがいまして授業の責任者である教員の管理監督のもとに授業支援の一つとして複製をすることは可能であると解されます。ただし、学校図書館ボランティアは、授業を担任しませんのでこの要件に該当しません。

ウ　授業の過程における使用を目的とすること

　長い間、学校で行う活動は、すべて許諾を得ないでも複製等はできるという著作権を誤解、曲解した認識がありました。これは、著作権に対する意識が低く、法第35条が正しく理解されていないことが原因だと思われます。

　法第35条には、「授業」の過程とあり、学校内の活動すべてが対象ではなく「授業」に限定しています。そのために、授業以外の学校の管理・運営等の校務、教職員の研修における利用まではできないとされています。教職員の研修は、授業と密接な関係

がありますが、授業そのものではないので該当しないとされています。地域・PTAの会合で学校の教室や学校図書館の閲覧室・学習室等で学校運営に関する内容を話し合うことでも、授業ではないのでできないとされています。

授業に関することならばなんでもよい、ということもありません。授業の「過程」とあるため、たとえ授業に関係していても、授業の終了後の利用はできないとされていますので、複製物の「保存」はできないことになります。学習用に録画したものを学校図書館でフィルムライブラリーのように収集し、保存することはできません。

エ　必要と認められる限度内で複製すること

授業の過程においても、必要以上に複製等をすることはできません。授業に使う資料をその学級の児童生徒数以上の枚数をコピー（複製）することは限度を超えることになります。

オ　著作権者の利益を不当に害さないこと

前述のア〜エの要件を満たしても、利用のしかたによっては著作権者の利益を侵害することになる場合もあります。その場合には、許諾を得なくてはなりません。例えば、読書指導用に学級全員が購入することを前提に安価な価格設定をして販売している本（全国SLAの「集団読書テキスト」等）がありますが、その1冊をコピーして人数分印刷して児童生徒に利用させることは、著作権者の利益を不当に害することになります。本来ならば学級の児童生徒全員に売るために価格を安くしているのに、1冊しか売れないからです。同様な例としては、児童全員の購入を想定している漢字ドリルや計算ドリルがあります。

⑦　授業における公衆送信（法第35条第1項及び第2項）

授業の過程においては複製及び公衆送信をすることができます。例えば、A校とB校で「同時」に授業を行う場合、A校が使用する資料をB校にインターネットによって送信をしたり、反対にB校からA校に送信することは、許諾を得ることも補償金を支払うことも必要もありません。ただし、「同時」に授業をすることが要件ですので受信された資料を録画したり、サーバーに保存したりしておいて他の授業の時間に利用することはできません。

一方、受信した資料を「同時」ではなく「異時」に授業の資料として利用することは、著作権者に補償金を支払うことによりできます。「異時」での利用とは、この資料を録画したり、サーバに保存したりして他の時間に授業で利用することです。補償金は個々の学校が支払うのではなく、教育委員会又は学校法人が「授業目的公衆送信補償金制度」に加入し、一括して著作権者に補償金を支払います（詳しくは40ページ※3　公衆送信に関する補償金制度を参照）。

　このように、授業における公衆送信は、補償金を支払うことで個々の学校で許諾を得なくてもできますが、送信する資料の部数、用途等により著作権者の利益を不当に害することがないように利用する必要があります。

⑧　試験問題としての複製等（法第36条）

　公表された著作物を、入学試験や学識や技能の検定問題に複製や公衆送信（放送と有線放送を除く）することは、許諾を得ないでできます。問題を作成する際には、やむを得ない場合（穴埋め問題のために文章の一部を空欄にする、省略する等）を除いて著作者人格権を侵害しないように文章の改変、削除をしないようにします。

　営利を目的とする場合は、著作権者に補償金を支払わなければなりませんが、学校の入学試験は該当しません。過去の入試問題を掲載した本は、入学試験に利用するのではないため通常の出版物と同様に著作権料等が発生します。

⑨　視覚障害者等のための複製等（法第37条）

　人の著作物を点字にしたり（複製）、点字データをコンピュータに蓄積しておいて、インターネットで他に送信することは、許諾を得ないでできます。

　また、視覚障害、発達障害、色覚障害などのほかに、本を持てないなどの手の障害などにより視覚による認識が困難なために本が読めない人に対して、著作権法施行令に定められた者は、視覚による認識ができない人が必要な方法による複製やその複製物の貸出、譲渡、自動公衆送信、翻訳、変形、翻案を行うことができます。この施行令で定められた者の中に学校図書館も含まれていますので、学校図書館もこのような方法で行うことが可能です（施行令第2条第1項第1号）。具体的な方法としては、拡大図書やデジタル録音図書の作成があります。法改正により身体の障害により視覚で認識できない人にも範囲が広がりました。

　ただし、著作権者や複製等の許諾を得た人が著作物を広く提供している場合、つまり、すでに点字本が出ているなどの場合には適用しませんので、すでに市販されている著作物の複製等はできません。

⑩　聴覚障害者等のための複製等（法第37条の2）

　聴覚障害、発達障害、難聴等のために聴覚による認識が困難な人に対しては、著作権法施行令に定められた者は、聴覚による認識ができない人が必要な方法による複製やその複製物の貸出、譲渡、自動公衆送信、翻訳、変形、翻案を行うことができます。具体的には、文字放送や字幕・手話の付加、字幕入り映画の貸出しなどがあります。この施行令で定められた者に学校図書館も含まれていますので、学校図書館も複製等が可能になります（施行令第2条の2第2項第1号イ）。

　ただし、著作権者や複製等の許諾を得た人が著作物を広く提供している場合には適

用しませんので、すでに市販されている著作物の複製等はできません。

⑪ 非営利目的の上演等（法第38条）

人の著作物は、次の条件をすべて満たしていれば、上演、演奏、上映、口述、貸与（映画を除く）ができます。

ア　営利を目的としないこと

イ　どのような名目であれ、料金は取らずに、無料であること

ウ　実演家、講演家に報酬を支払わないこと

学校で行われる学芸会、学習発表会、音楽会などは、無料で行われますので、許諾を得ずに自由に利用できます。

図書・雑誌・CDなど著作物の複製物は、無料で貸すのであれば許諾を得る必要はありません。ただし、映画の著作物は無料でも貸すことはできません。学校図書館は本を無料で貸し出していますが、映画の著作物は貸し出すことはできません。学校図書館のブースで映画の著作物（LD・VHS・DVD・ブルーレイ等の記録媒体に映像を固定したもの）で視聴することは、貸出しではないので可能です。また、市販の映画（DVD等）でも貸出しを認めているものは許諾を得ないで貸し出せます。

DVDなど映画の著作物の貸与については、その主体が政令（施行令第2条の3）で定められた視聴覚ライブラリー等及び政令（施行令第2条の2第1項第2号）で定められた聴覚障害者等の福祉に関する事業を行う者（非営利目的のものに限る）に限られ、さらに、著作権者への補償金の支払いが必要となります。

⑫ 教科書への掲載（法第33条）

人の著作物を学校教育のために必要の範囲内で教科書に掲載や翻訳、編曲、変形、翻案することができます。その際は、著作者へ通知することと著作権者に補償金を支払わなければなりません。

視覚の障害等により教科書が使用しにくい児童生徒の学習のために、教科書の文字や図形を拡大したり、そのほか必要な方式により複製、変形、翻案することができます。ただし、教科書全部や相当な部分を複製して拡大教科書等を作成する場合には、教科書発行者への通知が必要です。営利目的の場合には著作権者への補償金の支払いが必要です。

（4）著作権と生成AI

① 生成AIとは

生成AIとは、「深層学習」（ディープラーニング）等の手法を使って、人が創作するようなテキスト、文章・画像・動画・音楽を自動で生成する技術です。これまでのAI

は、人があらかじめ回答等を用意しておき、利用者がアクセスするとその用意されていた回答等を得ていましたが、技術の著しい進歩により大きく変化しました。生成AIはインターネットから膨大な「情報」を収集し、人が自然言語で質問・指示をするとその情報からAI自身が回答・テキスト・画像などをAI生成します。

　ここでは、生成AIの一つである「対話型生成AI」（ChatGPT等）について説明します。対話型生成AIは、AIに対する専門知識がなくてもプロンプト（指示文）を入力するだけで瞬時のうちに回答されます。あたかもAIがその質問の内容を理解し、思考し、適切な回答をするように見えますが、AIは世界中のインターネットからの情報を「学習」して、プロンプトの単語や文章を読み取り、この質問の文章に対する回答にはどのような単語や文章がふさわしいのかを統計的に推測し、その結果を自然言語で人と会話しているように回答します。回答は、すべて正しいとは言えませんが、生成AIと人が対話を重ねていくうちに正しい回答に近づくようになります。

　しかし、インターネットの情報から「学習」したその内容が個人情報、悪意のあるもの、偏見によるもの、事実とは異なったもの等がある場合もあり、それによる回答は正しいものではなかったり、意図的なフェイクであったりします。現在世界中で最も危惧されていることです。そのため、その回答をそのまま信じるのではなく、慎重に吟味する必要があり、その吟味できる力の育成が情報活用能力の育成の一つになります。

　なお、AIに関する技術は、日々急速に進化しています。諸外国ではAIの法的な枠組みや規制等の検討もされています。EUでは、2024年5月にAIを規制するAI法が成立しています。この法はリスクに応じてAIを分類し、人々の社会的な信用度の評価・分類に使ったり、犯罪を行う可能性を予測する目的で人々の特性を分析、評価したりするAIなどへの利用を禁止するものです。この動きは、今後とも世界各地で広がることが予測されます。

② 生成AIと著作権

　生成AIによりAI生成物（文章・画像・動画・音楽）が作られます。そのAI生成物は、著作権法（以下「法」という。）で規定される「著作物」なのか、また生成物の「著作権者」は誰なのか、これらが大きな問題になってきました。そこで、文部科学省文化庁の文化審議会著作権分科会法制度小委員会で審議を重ね、2024年3月15日に「AIと著作権に関する考え方について」を公表しました。

　法では、「著作物」法第2条第1項第1号には、著作物を「思想又は感情を創作的に表現したものであつて、文芸、学術、美術又は音楽の範囲に属するもの」と定義しています（21ページ③著作物を参照）。考え方、人が指示等を与えず又は簡単な指示により生成させるだけの場合、生成AIは思想・感情を持たずに生成していますのでAI生成物は「著作物」ではないとしています。一方、人が思想又は感情を表現しよう

とする「創作意図」のもとに生成AIに指令をして生成させた場合や、生成過程の中で人が「創作意図」のもとに、システムの選択・構築、必要なデータの入力、適切なプログラムを実行するなどの「創作的寄与」を果たしている場合は、AI生成物は「著作物」になるとしています。この場合は、人が思想や感情を表現するために生成AIを【道具】として使用して「著作物」を作成したと見なされるからです。

　また、生成AIが生成したAI生成物が他の既存の著作物と類似することがあります。その場合は、「類似性」と「依拠性」の有無により「著作物」として認められるか否かが決まります。「類似性」とは、「既存の著作物の表現上の本質的な特徴を直接感得できるか。」、「依拠性」とは、「既存の著作物に接して、それを自己の作品の中に用いているか。」です。「類似性」は、単にAI生成物が既存の著作物と全体的に似ていると感じるだけではなく、両方の共通部分があってもその部分が「本質的な特徴」が似ていなければ「類似性」があるとは認められません。「依拠性」は、制作時に既存の著作物に接しているか、依拠しなければこれほど類似することはないだろうと考えられる程類似しているかどうかで判断されます。

　ただし、授業の過程で生成したAI生成物が既製の著作物と類似していたとしても法第35条により許諾を得ないで利用できます。

③ 生成AIの教育利用

　生成AIの利用はビジネスの世界だけではなく、あらゆる分野での利用が急激に広がっています。学校教育でも利用することが広がりつつありますが、生成AIのプラス面、マイナス面の対応策があまり明確ではなく、学校現場での利用に不安視されていました。そのために、文部科学省は、2023年7月4日に「初等中等教育段階における生成AIの利用に関する暫定的なガイドライン」（以下「ガイドライン」という。）を公表しました。これは、6月末日までの生成AIの現状を基に「機動的な改訂を想定」し、あくまでも暫定的なもので、一律に禁止や義務付けを行うものではないとして公表されたものです。このガイドラインは、主として対話型生成AIを対象にし、利用の方向性としては、まずは限定的な利用から始め、AI時代に必要な資質・能力の育成を図るとしています。

ア　利用する際の注意点

◎　生成AIは参考の一つに過ぎない。

◎　生成AIは、考えたり、判断したりできず、誤りもある。

◎　事実とは異なる回答をしたり、文脈とは無関係な内容もある。

◎　個人情報等が不正に利用されたり、漏洩したりするおそれがある。

イ　生成AIの利用が適切でない例

◎　情報活用能力が育成されていない段階で自由に利用させること

◎　コンクールやレポートにAI生成物を自分のものとして提出すること

◎　子どもの感性や独創性を発揮させたい場面で安易に生成AIを利用させること

◎　テーマに基づき調べる場面などで、教科書等の質の担保された教材を用いる前に安易に使わせること

ウ　生成AIの活用が期待される例

◎　情報モラル教育の場面でAI生成物の誤りを素材として、生成AIの性質や限界を学ばせること

◎　英会話の相手、自然な英語表現、単語リスト、例文リストを作成すること

◎　生成AIを用いた高度なプログラミングを行うこと

エ　留意点

◎　プロンプト（指示文）の入力では、個人情報やプライバシーを入力はしないこと

◎　生成AIの回答に個人情報やプライバシーが含まれていたらその回答は利用しないこと

④　学校図書館の対応

　学校図書館は、学校教育を支えるために主として教育活動に利用する資料・情報を児童生徒に提供するために設けられました。学校図書館の初期の頃の資料は、図書・視聴覚資料（スライド等）でしたが、種類もその時代に合わせ、図書以外にもOHP、ビデオ、コンピュータ、インターネットと増えてきました。現在は生成AIも取り入れ始めようとしています。また、それに伴いそれらを使いこなすためのリテラシーが利用指導、学校図書館活用指導と変化し、現在では「情報資源を活用する学びの指導」を担うようになっています。

　前述のガイドラインの適切ではない一例として、教科書等の質の担保された教材を用いる前に安易に使わせないことがあげられています。これは、いきなり生成AIを利用させるのではなく、その前に教科書及び校内の資料選定委員会などが質を担保した学校図書館の図書等を利用することが重要であることを表しています。インターネットが学校教育に導入されたときに、課題も十分に理解できていない段階でいきなり検索語を入れ、適切ではない資料・情報の丸写しで学習をした気持ちになったという事例が多く見られましたが、その前車の轍を踏まないようにすることが学校図書館の喫緊の課題です。

　活用が考えられる一例としては、グループで課題をまとめたり、アイディアを出し合い途中で足りない視点等を探し、質を高めることが例示されています。学校図書館の図書で調べたことを新たな視点や複数の視点で確認したり、さらに広めたり、深めたりしてまとめたものを生成AIで確認することに活用することは、学習活動がより活性化することになります。

Column ❷

©マークってなに？

時々、©マークを見かけることがあります。さて、この©は何を表すマークでしょうか。

©は、Copyright（著作権）の頭文字を取って作られたマークで、「著作権表示」を意味します。©のすぐ後に個人名や団体名と西暦が書いてあります。本の場合奥付に「©Haruki Murakami 2017」と書いてあることがあります。これは、この本の著作権は、2017年に村上春樹が持っています、ということを表しています。しかし、本によっては©がないこともあります。では、このマークが表記されていないときは著作権者がいない、又は著作権者が著作権を放棄しているということなのでしょうか。

実は、この©は、万国著作権条約に規定されているもので、加盟国ではこの©を表記している場合には、登録等をしていなくても著作権を保護されます。

一方、文学や美術に関する著作権の保護のためのベルヌ条約は、登録等をしなくても著作権が発生する「無方式主義」（23ページ参照）をとっていますので、この条約加盟国では©が表記されていなくても著作権を保護されることになっています。日本やほとんどの国ではこのベルヌ条約に加盟していますので、©が表記されていなくても保護されます。

©の有無に関係なく著作権は保護されるのに、なぜ表記しているものがあるのでしょうか。それは、表記することにより著作権者が明確になるからです。著作権処理も容易になり、著作権を侵害する者に対しても自分が著作権者であると対抗しやすくなります。

さて、この本には、©が表記されているのでしょうか。

4 出版権

(1) 出版権とは

　出版権とは、著作権者である著者が出版社と出版に関する契約を設定することができる権利のことです。

　本などの著作物の利用は、通常は出版社がその著作物を「発行」して、広く書店等を通して流通されることにより多くの人々が利用する(読む)ことが可能となります。「発行」とは、相当程度の部数の複製物（本など）が、著作権を持つ者又は複製の許諾を得た者や出版権の設定を受けた者（出版社）によって作成され、頒布されることを言います（法第3条）。

　ここでは、わかりやすく説明するために、紙の本を発行することを例にします。実際には、紙の本だけではなく、電子書籍等の電子ファイルの発行・流通・送信等も含まれます。著者は自分の著作物に関して出版社に出版権の設定を申し出て、双方の契約のもとにこの出版権が発生します。これにより、出版社は、出版権を持つ出版権者となります。この権利は、著作権法で規定されていますが、前述の著作権の権利とは異なるものです。

(2) 出版権の内容

　出版権を持つ出版社は、その本の出版に関しては独占的な権利を持ちます。通常の契約だけですと、契約した著者と出版社の当事者の間でしか法的な関係はありません。もし第三者が勝手にその本と同じものを発行した場合(いわゆる海賊版の作成)には、著作者は、海賊版を作成した者を著作権法の複製権の侵害で訴えることができますが、出版社はそれができません。しかし、出版社がその本の出版権を持っている場合には、出版社も当事者として訴えることができます。

　また、出版権者である出版社は、その本の独占的な権利を持っていますから、たとえ著作権を持つ著作者であっても他の出版社で同じ本を発行する二重契約はできません。

　これまでは、紙の本の出版を例にとって説明しましたが、CD−ROM等の電子媒体、インターネット等を利用した公衆送信することも紙と同様です。いわゆる電子出版も含まれることになります。

　著者は、出版権を設定することにより、その該当する本の複製権、公衆送信権を出版社に委任することになります。すなわち、出版社は出版権の契約期間中には著者の

許諾を得なくても本の複製、公衆送信ができることになります。さらに、出版社は、本の出版に関わる件で権利を侵害する行為を行う者や団体に対して、差し止め請求や損害賠償請求ができます。一方、出版社は、出版権を契約した本を6か月以内に発行する義務があります（法第81条）。もし、6か月以内に発行されなかった場合、著者は出版権を消滅することができます（法第84条）。

5 著作隣接権

（1）著作隣接権とはなにか

　著作物の中には、その著作物の内容を他の人に伝達しなければ意味をなさないものもあります。例えば、音楽の著作物は、歌手がその音楽を歌ったり、演奏者が演奏したりすることで人に伝わります。また、CDを作成したり、放送局で放送したりして広く伝わります。これらの伝える人や会社等は、著作物を創作してはいませんが、著作物の普及等に大きな役割を担っています。もし、いなければ著作物を享受したり利用したりすることが事実上できないことになります。そこで、これらの人々の活動を保障する権利を著作権に隣接する権利として著作権法では「著作隣接権」として保護しています（法第89条）。著作権法上の著作権と著作隣接権は、相互に密接に関連していますが、権利としては独立したものです。

　この著作隣接権は、実演家、レコード製作者、放送事業者及び有線放送事業者の4者だけに与えられています。また、この権利は、著作権と同様に役所に届けたり、審査を受けたりしないで得ることができます（法第89条第5号）。

（2）実演家の権利

　実演家とは、「俳優、舞踊家、演奏家、歌手その他実演を行う者とその実演を指揮し、又は演出する者」（法第2条第1項第4号）を言います。著作物を演じないでも芸能的なものを演じるマジシャンやコメディアンも含まれます。

　実演家には、実演家人格権が保護されています。これには氏名を表示する氏名表示権と実演家の名誉、声望を侵されないための同一性保持権があります。そのほかに、録音権・録画権、放送権・有線放送権、送信可能化権、貸与権などがあります。

（3）レコード製作者の権利

　レコード製作者とは、音をレコードのような蓄音機用音盤等に最初に固定（録音）した者です。市販のレコードの場合は、原盤の製作者を言います。録音する媒体はレコードのほかにCD、テープでもよいです。この権利は「音」のみを対象にしていますので、歌や楽曲以外にも小鳥のさえずり、さざ波が白い浜辺に打ち寄せる音、蒸気機関車の汽笛やブラストの音なども含まれます。

　レコード製作者には、複製権、送信可能化権、貸与権が保護されます。

（4）放送事業者及び有線放送事業者の権利

　放送事業者とは、公衆によって同一の内容の送信が同時に受信されることを目的として行う無線通信の送信を業として行う者です（法第2条第1項第8号及び9号）。具体的には無線で内容を送信するテレビ局、ラジオ局が該当します。放送事業者には、複製権、再放送権・有線放送権、送信可能化権等が保護されます。

　有線放送事業者とは、基本的には放送事業者と同じですが、送信方法が無線ではなく有線であることです。ケーブルテレビ局、有線放送局等がこれに該当します。権利も放送事業者と同様なものが保護されます。

※1　知的財産基本法（平成14年法律第122号）
※2　著作権法施行令（昭和45年政令第335号）
　　　（図書館資料の複製が認められる図書館等）
　　　第一条の三　法第三十一条第一項（法第八十六条第一項及び第百二条第一項において準用する場合を含む。）の政令で定める図書館その他の施設は、次に掲げる施設で図書館法（昭和二十五年法律第百十八号）第四条第一項の司書又はこれに相当する職員として文部科学省令で定める職員（以下「司書等」という。）が置かれているものとする。
　　　　一　図書館法第二条第一項の図書館
　　　　二　学校教育法（昭和二十二年法律第二十六号）第一条の大学又は高等専門学校（以下「大学等」という。）に設置された図書館及びこれに類する施設
※3　公衆送信に関する補償金制度
　　　これまでは遠隔合同授業における「同時」の送信（公衆送信）は、許諾を得ないでも行うことができましたが、「異時」での利用では許諾を得る必要がありました。法第35条の改正（2018年5月18日改正）により、「異時」による「公衆送信」は、著作権者に補償金を支払うことで許諾を得なくても利用することができるようになりました。ICTを活用する学習において資料の公衆送信が増加するために補償金を支

払うことで各学校がその都度許諾を得ないでも公衆送信ができる「授業目的公衆送信補償金制度」が設けられました。この制度は、教育委員会や学校法人が「指定管理団体」に補償金を支払い、集金された補償金は管理団体が著作権者の団体に支払う制度です。

　この指定管理団体は、著作権者の団体が創設した「一般社団法人授業目的公衆送信補償金等管理協会」（サートラス）が文化庁長官に指定されました。この制度の運用については、「著作物の教育利用に関する関係者フォーラム」において「改正著作権法第35条運用指針（令和3（2021）年度版）」及び「改正著作権法第35条運用指針（令和3（2021）年度版）特別活動追補版」が作成され、運用についての具体的な留意点等が示されています。

著作権教育

1 著作権教育

(1) 目的・意義

　著作権教育とは、著作者の権利及び著作物への尊重、著作権に関する基礎的な知識・態度を習得し、社会の一員として生活する力を身に付けるための教育活動を言います。知財教育、情報モラルの一つの分野として指導されていますが、学校図書館及びICTを活用する学習が広く行われるようになってきた今日では、小学校低学年から高等学校まで系統的に指導されるようになってきています。

　著作権の指導と言うと、著作権法を児童生徒にわかりやすく説明し、著作権を守らせることだと思われがちですが、そうではありません。著作権教育の目的は、著作物を創造する著作者に敬意をはらい、著作物を尊重する態度を育成し、想像力と創造力を育成し、著作権の概念を理解させ、著作物を利用するときに著作権を尊重し、先人の努力によって継承された文化をさらに発展させることです。本格的なAI時代を迎えた今日、人間の想像力と創造力がこれまでになく重要になってきています。そのためにも、多種多様な著作物を保有する学校図書館の機能を活用した著作権教育が求められています。学校図書館担当者は、情報教育等の担当部署とも協力して、体系的・計画的な著作権教育計画の立案と実施を支援する責務があります。

(2) 情報モラルと著作権

　平成29年告示の小学校学習指導要領総則の「第2　教育課程の編成」の「2　教科等横断的な視点に立った資質・能力の育成」の中では、「情報活用能力（情報モラルを含む。）」と特に情報モラルを強調しています。それほど情報モラルを重視していることになります。

　学習指導要領総則解説は、情報モラルを「情報社会で適正な活動を行うための基になる考え方と態度」と定義し、「具体的には、他者への影響を考え、人権、知的財産権など自他の権利を尊重し情報社会での行動に責任をもつことや、犯罪被害を含む危

険の回避など情報を正しく安全に利用できること、コンピュータなどの情報機器の使用による健康とのかかわりを理解すること」と示しています。人権と並び知的財産権の尊重を具体的に挙げています。これは、近年のスマホ・SNSが予想以上に児童生徒に普及し、それを介するいじめや犯罪が多発する現状により、情報モラルの指導が喫緊の課題となっていることを受けての規定です。

　知的財産権の中でもとりわけ著作権は、学校だけではなく児童生徒にも密接な関係があり、情報モラルの一つとして指導することが重視されています。児童生徒も自ら人の著作物を利用したり、自分が著作者になる場面も、学習だけではなく日常の生活でも見られるようになりました。著作権自体がビジネス界だけの縁遠い存在ではなく、身近な存在になってきたのです。特に、学校図書館では人の著作物を大量に保存しており、日常的に児童生徒や教職員が利用することが多くなった現在、著作権の指導に関する活動が大きな任務になってきました。

　これまでも、学校図書館は著作権には関心が高く、著作権について学ぶ研修も多く開かれていましたが、その研修内容の大部分は、著作権法に抵触しない学校図書館の運営方法でした。しかし著作権教育は、全教科、教育活動に関わるため、一部の教員が指導するのではなく、全教職員が行います。その指導には著作権に関する専門的な知識も要求されるため、学校図書館はその著作権教育を支援したり、自ら指導する役割を担っています。

（3）著作権の指導

　著作権の指導は、学校の全教職員が各教科等の指導のときに行います。著作権だけを取り立てて行うことは、指導時間が不足になりがちな今日、時間の確保が難しいでしょう。そこで、年間学校図書館活用計画や年間情報活用指導計画の中に著作権教育の指導内容も盛り込み、各教科の具体的な指導計画に入れると、指導内容の漏れがなくなります。

① 学校図書館の支援

　著作権の指導は、司書教諭・学校司書等の学校図書館担当者と情報教育担当者だけが行うのではなく、全教職員が行います。しかし、必ずしも教職員が著作権に詳しいわけではありません。何をどのように指導したらよいのかよく理解されていないこともあります。そこで、司書教諭・学校司書の出番です。まずは、教職員が知的財産権の概要と著作権について必要な内容を理解し、指導法を身に付けるために必要で適切な資料や情報を提供します。これにより、教科等での指導をスムーズに効果的に行うことができます。

　同時に、学校図書館の活動、施設、設備等は、校内で最も著作権を尊重していますので、学校図書館はいわば「著作権尊重を見える化」しているとも言えるでしょう。毎日学校図書館の利用のために来館する児童生徒は、知らず知らずのうちに著作権を尊重する姿勢が身に付いていくことにもなります。

② 指導内容

　指導内容としては、主として次の５項目あります。これを校種・学年また学校の現状に応じて段階的に指導します。

ア　著作者に対する敬意

　時間と経費をかけて著作物を新たに創作する著作者に対する敬意をはらうことは、著作物を大切にする姿勢にも通じます。法に触れるのでしかたなくという姿勢ではなく、創作する著作者の熱意、利用者や著作物に対する思いを真摯に受け止める姿勢が大事です。

イ　著作物の尊重

　著作物は、単なる物的な存在や利益を産むための物品ではなく、創作者の思いを具象化したものです。その著作物を勝手に使ったり、改変したりすることは、倫理的に許されることではありません。

ウ　文化の継承・発展

　新たな著作物の創造は、大なり小なり先人の著作物の恩恵を受けています。その創造した人の気持ちを思い、尊重しながら、さらにその意思を受け継ぎ新たな著作物を創造することが大切です。

エ　著作権の仕組み等

　著作者の権利を守り、文化の発展に寄与するために著作権法が制定されました。その法はどのような仕組みなのか、どのような機能を持つのか、どのように著作者の権利を保護しているのか等を発達段階に応じて理解することは、市民として、社会人として生活するために必要な知識です。

オ　著作物の利用

　人の著作物を利用するためには、法に則るだけではなく、これまでの慣習、市民の願い、その時代の常識等を配慮する必要があります。学校教育の場においても例外ではありません。人の著作物を利用する際のマナーを身に付けることが大事です。

③ 指導段階

　著作権の指導は、小学校から高等学校まで継続的に行います。指導段階の例を**表2**に示してありますが、これはあくまで例の一つですので、自校の状況、年間学習指導計画、教科書の掲載内容等を考慮して、自校に合う計画を作成してください。作成の

際には、（公社）全国学校図書館協議会が2019年に制定した「情報資源を活用する学びの指導体系表」（https://www.j-sla.or.jp/pdfs/20190101manabinosidoutaikeihyou.pdf）も参考にしてください。

表2　発達段階に応じた著作権指導

校種		指導項目	主な指導事項
小学校	低学年	著作物の尊重	人の著作物を大事にする 改変しない
	中学年	著作者への敬意 著作物の尊重	著作者に敬意をはらう 著作者の気持ちを考える 人の著作物を尊重する 引用（出所の明記）
	高学年	著作物の利用 文化の継承発展	複製 引用（出典・主従・量） 同一性保持権の尊重 著作物の利用と発展 情報モラル
中学校		著作権法等の 仕組み	知的財産権・著作権の基本 ルールの遵守 情報モラル
高等学校		産業財産権等	著作権法と産業財産権の概略 情報モラル

Column ③

聞かなきゃよかった！？

　ある研修会で著作権の講義を終えて控え室に戻るとき、参加者の方から

　「著作権の話なんか聞かなければよかった。知らなければ、堂々とこれまで通りにいろんなことができたけど、知ったからできなくなった。」

という声が聞こえました。どうやら、これまでは著作権についてあまり知らなかったからコピーし放題だったのが、これからはコピーできない、不便になった、というところでしょうか。人の著作物を無断で利用してもその人の損にはならないのに、とこのように思う人は案外多いように思えます。

　原因の一つが、著作権はものとしての実体がない概念だからでしょう。例えば、本の持ち主から本そのものを黙って持っていけば、盗み（窃盗罪）になりますが、「刑法第235条に違反してしまった」、と後悔する人はあまりいないでしょう。人のものを盗むことは、刑法云々の前に道徳的な罪として後悔する人が多いでしょう。窃盗の場合はものがなくなりますが、著作権の場合はものはなくならずに手元に残っています。盗まれた方も盗んだ方もものの移動がないためになかなか実感が伴いません。

　著作権教育では、この抽象度の高い概念をいかにして具体化し、実感を持たせるか、そこに指導の難しさがあります。著作権教育は、指導計画に決められた枠の中だけの指導ではなく、日々の生活の中で、事例があったらすぐにその場で指導することも大事だと思います。

2 教員対象の著作権研修

(1) 教員が知っておくべきこと

① 著作権について児童生徒に指導する

　著作権教育の中核です。著作権の意義・目的、著作権の内容、知的財産権の概要、著作権法の仕組み等を学年や発達段階に応じて指導します。児童生徒に著作権法の逐条解説はしませんが、教える立場として著作権法について知っておく必要があります。

② 学習指導で著作物を利用する

　今後は「主体的・対話的で深い学び」をするために人の著作物を利用する機会が増えます。著作権法第35条により許諾を得ないで自由に利用できる場合とできない場合、許諾を得る方法等について理解しておく必要があります。

　学習に関係していても、法第35条による制限規定に外れ、利用するために許諾を得なければならないこともあります。例えば、児童生徒の作品をコンクールに出品する際には、授業ではないので法第35条は働きません。

③ 校務の中で著作物を利用する

　学校の校務として各種のたより、提出書類、学習指導案等で人の著作物を利用しますが、校務の場合は授業における使用ではないため、法第35条は働きませんので注意が必要です。

(2) 教員の著作権研修

　著作権教育を行うためには、指導する教員自身が知的財産権、著作権等についてある程度理解していなければ指導はできません。そこで教員自身の著作権に関する研修が必要となります。この研修には、文化庁、教育委員会等による公的な著作権研修、全国SLAのような民間研究団体等による研修等が数多く開かれています。しかし、外に出て研修する時間の確保が難しい現在、全員がこの研修に参加することは困難です。そこで、司書教諭・学校司書が校内研修の講師として全教職員に行うのがよいでしょう。

(3) 校内研修の実施

　現在、学校では社会からのさまざまな要求があり、それに対応するための研修が目白押しの状態のために、著作権の校内研修を実施する時間を確保するのが難しいと思います。しかし、ICTが進む今日では、情報モラルと並んで待ったなしの状況になっ

ています。児童生徒が知らないうちに著作権を侵害したり、犯罪に巻き込まれたりしないために、その重要性から著作権研修の機会を少なくとも年に1回は設けたいものです。

　研修は、著作物の宝庫である学校図書館の閲覧室か学習室で行うとよいでしょう。実際に各種のメディアがあるので、手に取りながら研修を深めることができます。

（4）研修内容

　著作権教育は、児童生徒に著作権法が規定する内容について細かく指導しませんが、指導者としては体系的に理解することが求められます。Q&A等の事例だけでは、児童生徒の質問や日々の校務、学習指導の際に著作権について悩むことになります。やはりある程度は体系的な知識が必要となります。

　著作権教育で指導する内容は、概ね次のものがあります。この指導は、各教科・特別活動等で行いますので全教職員が理解しておく必要があります。

① 著作権教育の意義・目的

　著作権教育の目的は、著作者に対する敬意をはらい、著作物を尊重する心情と態度の育成です。これに触れずに、法律上の規定ばかりを指導すると、法さえ守れば何をしてもよいのだという歪んだ考えを身に付けてしまい、かえって逆効果となります。

② 知的財産権

　著作権は、知的財産権の一分野となっています。校種にもよりますが、著作権を理解するためにも著作権と近縁の知的財産権に対する理解も必須のものとなります。

③ 著作権法

　現在の著作権法は、社会の変化に合わせた改正を続けているために大変複雑なものになっています。条文にそって一つひとつ理解するのではなく、著作権法の体系と下記のように主な項目について理解します。さらに校種によって必要な項目を加えます。

　人の著作物を簡単にウェブサイトに載せたり、SNSで情報を拡散できる現在、児童生徒が自分でも知らないうちに法を侵害することがあります。巨額の賠償金を支払わなければならないこともあります。罰則を指導するのではありませんが、指導する教職員は知っておく必要があります。

　　ア　著作者人格権

　　イ　保護期間

　　ウ　第35条

　　エ　引用

　　オ　出所

カ　非営利・無料の利用

キ　罰則

(5) 指導用教材

指導用教材は、文化庁をはじめ、各種の団体が作成し公開していますので、利用すると便利です。以下によく利用されるものを挙げます。

- ○　はじめて学ぶ著作権　文化庁

  https://pf.bunka.go.jp/chosaku/chosakuken/hakase/hajimete_1/index.html

- ○　マンガでわかる著作物の利用　文化庁

  https://pf.bunka.go.jp/chosaku/chosakuken/h22_manga/index.html

- ○　誰でもできる著作権契約　文化庁

  https://pf.bunka.go.jp/chosaku/chosakuken/keiyaku_intro/

- ○　5分でできる著作権教育　（公社）著作権情報センター・（一社）日本教育情報化振興会

  https://chosakuken.jp

③ 実践事例

(1) 計画的な著作権教育

著作権教育は、司書教諭・学校司書等の学校図書館担当者と情報教育担当者だけが行うものではなく、全教職員が行うものです。その指導は、計画的に行うことにより効果が上がります。一部の教員だけが単発で行っても効果は限定的なものになります。

計画表の作成には、著作権教育の体系表が必要ですが、全国SLAの制定した「情報資源を活用する学びの指導体系表」には著作権についても盛り込まれていますので、それに準拠して学校の現状等に合わせた計画表を作成します（45ページ参照）。

表3の計画表は、その指導体系表に準拠したものです。これを参考に、各学校の諸条件に合わせて作成されるとよいでしょう。

表3　著作権教育計画表

(全国SLA制定「情報資源を活用する学びの指導体系表」準拠)

校種		指導事項
小学校	低学年	○ 著作物を創った人の気持ちを考え、著作物を大事にする。 ○ 人の著作物を勝手に変えない。 ○ 利用した日付・題名・著者名をきちんと記録する。
	中学年	○ 人の著作物に敬意をはらい、尊重する。 ○ 引用に出所を明記する。 ○ 個人情報を守る。
	高学年	○ 著作権の概要を理解する。 ○ 引用するには、主従関係・明瞭区分性・必然性等にも留意する。 ○ 同一性保持権を理解し、尊重する。 ○ インターネットの利用も著作権が関わることを理解する。 ○ 情報モラルを理解し、遵守する。
中学校		○ 著作権の基本的な事項を理解する。著作者人格権、保護期間、学校における著作物の利用、保護の制限、引用、出所、非営利・無料の利用、許諾等 ○ 知的財産権の基本を理解する。 ○ 情報モラルを理解し、遵守する。 ○ 個人情報の保護を図る。
高等学校		○ 著作権と産業財産権を理解する。 ○ 情報モラルを理解し、遵守する。 ○ 個人情報の保護を図る。 ○ 基本的人権と著作権の関係を理解する。

（2）小学校低学年

教　科　図画工作

ねらい　人の著作物には、創った人の気持ちが込められており、互いに尊重する気持ちや態度を養う。（著作物の尊重）

展開例

		学習活動	指導事項・留意点
導入	1	描いた絵を互いに見て、よい点を出し合おう。	
発展	2	教室内にある人が創ったものを探す。	・教室内の掲示物、児童の作品、学級文庫の本、カレンダー等に気付かせる。
	3	掲示してある児童の絵を鑑賞する。	・おもしろいところ、楽しいところに気付かせる。 ・工夫したところ、苦労したところを発表させる。
	4	絵を描いたときの気持ちを振り返る。 ・一生懸命に描いた。 ・描くのが楽しかった。 ・色を塗るのが大変だった。	・一生懸命に描いたことを想起させる。
	5	描いた絵にいたずら書きをされたり、破かれたりしたらどう思うか。 ・懸命に描いたのに嫌だ。 ・絵にいたずら書きされたら、絵が台無しになる。 ・破かれたら、やる気がなくなる。	・絵には描いた人の気持ち、工夫、苦労があることに気付かせる。
まとめ	6	振り返りを書く。	・人の創ったものは互いに大事にすることを確認する。

（3）小学校中学年

教　科　国語　引用するときに気を付けること

ねらい　人の著作物を引用する方法、注意点を理解する。（引用）

展開例

	学習活動	指導事項・留意点
導入	1　どんな遊びが好きかを発表し合う。 2　昔の遊びの遊び方を説明しよう。	・昔の遊びの中から一つを選び、遊び方を調べる。
発展	3　昔の遊びには、どのようなものがあるかをを調べる。 4　遊びを一つ選び、説明文を書く。 　・説明した文を抜き出し、自分の説明文にそのまま写す。 　・本の挿絵や図解を自分の説明文にそのまま写す。 　・説明した文を要約して自分の説明文に書く。 5　本に書いてある文や絵などを自分の文に書くときには、そのまま写さないで、ルールがあることを理解する。	・学校図書館の蔵書等を利用する。 ・司書教諭又は学校司書の支援を受ける。 ・人の書いた文をそのまま自分の文として書くことがよいかを考えさせる。 ・本の文の表現を変えずにそのまま写す。 ・本の文と自分の文が一目で区別がつくように、本の文を「　」でくくる。 ・利用した本の出典を書く。書名、著者名、出版社名、発行年
まとめ	6　振り返りを書く。	・引用の意味と引用するときの方法を今後の学習に生かす。

（4）小学校高学年

教　科　総合的な学習の時間

ねらい　人の著作物には著作権があり、利用するときには著作権を尊重する。（著作権）

展開例

	学習活動	指導事項・留意事項
導入	1　他の人が書いた作文をそのまま写して書いてよいのだろうか。	
発展	2　自分の書いた作文を友だちがそのまま写して書くことがいけないことを再確認する。 ・人のを写したものは価値がない。 ・自分で書くのが嫌だから人のを写すのはずるい。 ・写しても自分の力にならない。 3　人が書いた作文には著作権があり、勝手に写したり、ホームページに載せたりしてはいけないことを理解する。 4　人が創ったものには、ほとんど著作権があることを理解する。 5　学習以外のときも、日常生活のときにも人の著作物を尊重し、勝手に写したり、変えたりしないことを理解する。	・人の著作物を写すことは、倫理的にしてはいけないことを確認する。 ・人が創ったものには著作権があり、勝手に写すこと（複製）をしてはいけないことを指導する。 ・ホームページに載せることも、人の作品を写すこと（複製）になることを押さえる。 ・小学生が創ったものにも著作権があることを押さえる。 ・創った人の気持ちを考え、勝手に変えることもしないことに気付かせる。
まとめ	6　振り返りをする。	

(5) 中学校

教　科　特別活動

ねらい　人の著作物でも一定の条件により自由に利用できることを理解する。(著作権の制限)

展開例

		学習活動	指導事項・留意事項
導入	1	修学旅行の目的を確認する。	
	2	いろいろな資料を使って修学旅行の目的を達成するための「資料集」を作成しよう。	・班の目的達成は、みんなで作成する「資料集」によることを確認する。
発展	3	旅行の班ごとに、班の目標達成に役立つ「資料集」に掲載する内容を検討する。	・見学先所在地、交通機関、かかる時間、入場料の有無と価格、緊急時の連絡方法、注意点等は必須であることを指導する。
	4	項目ごとに著作権の有無を確認する。	・各種の情報源の有無、内容等を確認する。
	5	学校での学習活動のときには、許諾を得ないで自由に利用できる場合もあることを理解する。	・第35条により許諾を必要としない条件を提示する。
	6	学校での学習でも許諾が必要な場合もあることを理解する。	・学習の過程では許諾を要しないが、保存はできないことを確認する。 ・著作者の利益を害さないことを確認する。
	7	人の創作物を勝手に作り変えたり、氏名を変えることはしてはいけないことを気付かせる。	・著作者人格権は、その著作者だけのものであり、尊重すべきものであることを考えさせる。
まとめ	8	本時のまとめを行い、次時につなげる。	

(6) 高等学校

教　科　総合的な探究の時間
ねらい　著作権と産業財産権の類似点と相違点を理解する。（著作権と産業財産権）
展開例

		学習活動	指導事項・留意事項
導入	1	産業財産権と著作権との類似点と相違点は何か。	
発展	2	ゲームの景品のぬいぐるみを見て、同じぬいぐるみを作ることの是非を考える。 ・真似をしている。 ・創造性に欠ける。 ・著作物の要件を満たしていないので著作権で保護されない。	・ぬいぐるみの実物を提示する。 ・工業的な大量生産であることに気付かせる。
	3	著作権以外に産業財産権があることを知る。	・著作権法（抄）と産業財産権の各法（抄）を提示する。
	4	著作権と産業財産権の類似点と相違点を理解する。	・両権利とも、創造性を保護することに気付かせる。 ・知的な創作活動を保護する著作権と、産業の発展を保護する産業財産権の目的を理解させる。
	5	著作権と産業財産権のあるものを分けてみる。	・産業財産権には、特許権、実用新案権、意匠権、商標権があり、それぞれ法により保護されることを理解させる。
まとめ	6	本時のまとめをする。	

著作権Q＆A

　以下、具体的な事例を挙げて著作権等について考えてみましょう。この事例は、日常的に起こりうるものですが、典型的な事例ですので実際にはもっと複雑なことが多く起こります。この事例を覚えてもあまり役には立たないでしょう。この事例を通して、どの権利が働き、どのように解釈するのか、留意点は何か、などを理解することで実際に起こる問題を解決する応用力を身に付けていただきたいと思います。なお、この事例では、著作者が著作権を持っていることを前提にしていますので、著作者と表します。

 著作権の基本

| **著作権** |

 勤務校で著作権教育をすることになりましたが、どうして「著作権法」という法律について小学生に指導しなければならないのでしょうか。

A
01
小学校では、「著作権法」（以降「法」という。）という法律そのものについて指導するというよりは、児童の学年や発達段階に応じて「著作権」に関する目的・意義・著作権の内容等の指導が中心になります。

　以前は、学校における著作権についての指導は、ほとんどされてきませんでした。著作権は、小説家・作曲家・大学教員等の研究者というごく一部の人に関係し、一般の人には関係が薄い又はないという理解が一般的でした。自分が執筆したものを図書・雑誌等に掲載する機会もごく一部の人にあり、一般の人たちや児童生徒にはその公表する機会もほとんありませんでした。そのために、日常生活や仕事において著作権

を意識する必要がほとんどありませんでした。

　しかし、コンピュータのような情報機器及びインターネットの情報環境が発達し、自分の作成した著作物はインターネットを利用することで経費もほとんどかからずに容易に公表することができ、他人の著作物も利用することが可能となりました。他人の著作物を利用するときには著作者の許諾を得る必要がありますが、著作権の知識がないために、自由に利用して著作者の権利を侵すことが多くなりました。

　そこで、学校教育において著作権指導が行われるようになりました。小学校では人の創作した著作物を大事にすることから始め、著作者に敬意をはらい、著作物を利用するときにはマナーに従い、無断で変えたりしないことを学びます。

　校種が上がるにつれて、ますます著作権や知的財産権に関する理解や知識が必要になりますので、小学校から高等学校までの体系的計画的な学習が必要になっています。

｜ 著作者人格権 ｜

クラスのＡさんの書いた作文がとてもよかったので市役所内の作文展に出品しました。とても評判がよかったのですが、保護者からは勝手に出品したと苦情が来ました。書いたＡさんも喜んでいたのですが、出品することはいけないのでしょうか。

作文を本人や保護者の許諾を得ずに作品展に出品することは、公表権、氏名表示権を侵すことになります。作品展に出品する前に本人と保護者の許諾を得ておく必要があります。

　Ａさんの作文を市役所内に掲示される作文展に出品することは、Ａさんの著作者人格権の公表権と氏名表示権を侵すことになります。公表権とは、まだ公表されていないものを公衆に提供し、又は提示する権利です（法第18条第１項）。市役所内に作品を展示することは、「公衆に提示」に該当します。

　また、氏名表示権とは、著作物を提示するときに実名又は変名を著作者名として表示したり、又は表示しない権利です（法第19条第１項）。

　作文展に展示されることは、本来は名誉なことで嬉しいことですが、一方、作文に家庭の出来事等で他人に知られたくないことや、事情により児童の氏名が保護者の知らないうちに多くの市民が見ることができる市役所で展示されることは、避けたい場合もあります。そこで、このような場合は、展示される前に本人と保護者に知らせて、展示の許諾を得ておく必要があります。

｜職務著作｜

学校の研究テーマは、昨年度に引き続き「学校教育とAIの活用」となり、今年度の研究のために昨年度の研究紀要に掲載してある実践事例をコピーして研究の資料にすることにしました。他校に転勤した元研究主任が書いた実践事例を利用するためにコピーをしようとしましたが、その先生から許諾は得られませんでした。どうすればコピーをすることができるのでしょうか。

この研究は個人の研究ではなく、学校の研究テーマに則って学校全体で取り組み、その研究成果を教職員が分担して執筆したものと解します。この紀要に掲載された論文等の著作権は、その論文等を書いた個人にではなく、学校が持つことになります。したがって許諾を得る必要がありません。

　学校で教職員が作成する文章等のほとんどは、個人として作成するものではなく、職務上で作成するものです。この職務上の業務として作成することを「職務著作」と言います。自分で考えて作成するので個人が著作物を作成したと思いがちですが、学校の教職員として学校の業務として作成する場合、法第15条が規定する下記の要件を満たしたものを職務著作と規定し、この著作物の著作権は、この著作物を作成すると発意した学校にあります。

　①法人等の発意に基づくこと

　②法人等の業務に従事する者が職務上作成したもの

　③法人等が自己の著作の名義の下に公表するもの

　④作成の時における契約、勤務規則その他に別段の定めがないこと

　学校での研究活動の際には、特別にその教員と成果物の著作権について定めをすることは、ほとんどないものと思われます。

　ただし、学校の業務とは関係なく、個人として学校図書館の経営・運営等に関する論文を書き、それを教育関係の雑誌に掲載した場合には、論文の著作権は書いたその個人のものになります。

｜複数著作者の著作権｜

 5人の教員がグループを作って、「豊かな学びと学校図書館の活用」をテーマに研究して冊子にまとめ、本として出版社から発行することになりました。研究を進め冊子を編集した中心は、A教諭でしたので、著作権はグループを代表してA教諭が持つことになりますか。

 著作権は、原則としてその本を書いたすべての人が持つことになります。

　一つの主題について5人が共同して研究し、その成果を冊子にまとめたものは、「共同著作物」となり、著作権はその冊子について全員が持つことになります（法第2条第1項第12号）。そして、その冊子をもとに出版された本の著作権も全員が持つことになります。通常、冊子にまとめる際には、事前に研究成果を元に執筆について方針、構成、内容の取り扱い、表現等について全員が検討し、執筆の最中も意見を交換したり、疑問点や問題点があった場合の対応等を話し合います。この事例も5人が共同して著作物を創作しているために共同創作性があるものと判断します。

　もし、これらのことが行われずに、単に分担執筆をして冊子を作成したときには共同創作性がないために共同著作物ではなく、「結合著作物」としてそれぞれの執筆した部分の著作権を持つことになります。また、研究には参加しても執筆には加わらない者がいた場合には、その加わらない者は、著作物の執筆はしていないので著作者にはなることができません。

｜転　載｜

 昨年退職された元校長先生が退職のときに書かれたエッセイを自費出版されました。教え子たちの思い出、校長として学校経営の思い出などが書かれていて、内容が感動的でとてもよかったので、今年度の「学校だより」に数回にわたって転載することにしました。転載なので出所を明記すれば引用と同様に許諾を得ないでもよいのでしょうか。

**転載は引用ではなく、複製と同じことなので元校長先生の許諾を
得ることが必要です。**

　引用と転載は、人の著作物をそのまま利用する点は共通していますが、意味は全く
異なります。この誤解はよくあります。「一部分を転載しました。」という断り書きと
ともに、エッセイ等の一部を載せる例を見かけますが、これでは、同一性保持権も侵
害することになってしまい、著作者としてはたまらないでしょう。

　転載と引用の大きな違いは、許諾が必要か否かです。転載は許諾が必要となります
が、引用は、自分の文章に人の作品の一部分を借りることであり、引用の要件を満た
せば許諾は必要ありません。この事例では、自分の文章がなく、元校長先生のエッセ
イだけが載るので引用とは言えません（27ページ参照）。

　では、どうすればよいのでしょうか。元校長先生の許諾を得られれば転載として全
文を載せることはできますが、事情があって連絡等がとれない場合には、元校長先生
をよく知る方が自分の文章の中で元校長先生のエッセイの一部を正しく引用しなが
ら、元校長先生との思い出、卓越した学校経営等について感謝の気持ちを込めて書く、
のような形であれば問題はありません。

　この事例のように、本来は引用なのに、転載という表現を使うことで引用の要件を
満たさないままで利用する例があります。著作権に関する用語は正確に使う必要があ
ります。

| OKマーク |

学校図書館の研修会で配付された資料のプリントに、「学校教育
OK」と書いてあるマークが印刷されていました。以前、著作権
に関係するマークだと聞いたことはありますが、これはどのよう
なマークでしょうか。

**このマークは、文部科学省文化庁が著作物の利用の効率化を図る
ために制定した「自由利用マーク」です。**

　「著作物を創った人（著作者）が、自分の著作物を他人に自由に使ってもらってよ
いと考える場合に、その意思を表示するためのマーク」（文化庁）です。このマーク
を著作物に貼ることで、そのマークの種類により許諾を得ないで自由に利用できます。
このマークを使うことで、意思表示が容易になるために、著作物の利用が円滑になり、

著作物の正当な利用も増えていくと考えられています。

　人の著作物を利用するときには、著作物の著作権者は誰なのか、どのような手続き
が必要か、そもそも利用の許諾が得られるのか、金銭の授受が発生するのか、などを
調べる等の煩雑な手続きがあります。これらの事務をこなすことは、ビジネスの世界
では著作権に関する専門家に依頼したり、経験豊富な方が行うのですが、学校ではな
かなかそのようにはできません。

　一方、著作物を創作した人の中には、積極的に利用されることを願っている方も多
くいます。特にプロではない方の場合は、いちいち許諾願いの手紙やメール等がくる
ことを煩わしいと思う方もいます。そこで、このマークが著作者と利用者の仲立ちを
します。このマークを利用することにより、両者が著作権について話し合ったり、交
渉したりすることもなく、効率的に利用されることになります。

　「自由利用マーク」には次の３種類があります。

コピーOK	「プリントアウト・コピー・無料配布」OKマーク	「プリントアウト」「コピー」「無料配布」のみを認める
学校教育OK	「学校教育のための非営利目的利用」OKマーク	学校のさまざまな活動で使うことを目的とする場合に限り、コピー、送信、配布など、あらゆる非営利目的利用を認める
障害者OK	「障害者のための非営利目的利用」OKマーク	障害者が使うことを目的とする場合に限り、コピー、送信、配布など、あらゆる非営利目的利用を認める

　この自由マークは、どの著作物を対象にしているのか、よくわかるように著作物の
そばに付けます。

｜許諾を得る方法｜

Q07 創立20年を迎える高等学校の卒業記念文集を作ることになりました。校歌、OGの歌手の歌を吹き込んだCD、プロの有名な写真家が撮った学校の記録写真を載せる予定です。どのように許諾を得ればよいのですか。

著作権の保有者は誰か、著作権の管理を著作者が行っているのか、著作権管理団体が行っているのかなどを調べて、それぞれに応じて許諾を得ます。

　まず、その著作物について著作権の保護期間を調べます。この事例の場合は、創立20年の学校なので保護期間は切れていないと思われます。次に、著作権を誰が管理しているかを調べます。プロの方の創作の場合は、それぞれの著作物の種類による管理団体が著作権を管理していますのでそれぞれの管理団体に問合せます。団体については、138ページに団体名と連絡先が載っていますので、それを利用してください。また、管理団体のホームページには、著作物の利用に関する手続き、料金、留意点等が載っていますので利用するとよいでしょう。

　これまでに在職していた教職員が当時書かれたり、作成したりした文章、資料、写真を掲載することもありますが、その際には各教職員の掲載の許諾を得る必要があります。ただし、教職員が職務として作成したもの「職務著作」は、作成した教職員ではなく学校が著作権を持っていますので許諾を得る必要はありません。

｜ 著作権の取得 ｜

 趣味で小説を書きました。評判がよいので自費出版をして、その小説の著作権を取得したいと思います。どのような手続きをすればよいのでしょうか。

 著作権を入手するために役所等に申請したり、審査受けたりする必要はありません。著作権は、著作物を創作した時点で自動的に著作権法により著作権を保護されます。

　小説を執筆しますと、著作権法によりその著作物の著作権が生じ保護され、著者が著作権を持つことになります。特許権は特許庁に申請し、厳しい審査の結果特許権に値するだけの新規性等があると評価されると特許権が与えられますが、著作権は役所等に申請したり、登録したり、審査を受けたりする必要はありません。このような方式を「無方式主義」と言います。

　しかし、この創作したものが人の著作物を真似したものだったり、誰でもが作成できるような簡単なものは創作性が認められず、著作権は認められません。

| 罰　則 |

人の著作物を勝手に利用した場合、法律上の罰則にはどのようなものがありますか。

法により、原則として人の著作物は許諾を得ないで利用することは禁じられています。この法を侵して利用した場合は、刑事上又は民事上、あるいはその両方が罰せられます。

　法に違反して著作物を利用したときの刑事罰は、著作（財産）権の違反として、個人では10年以下の懲役若しくは1,000万円以下の罰金又は両方が科せられます。著作者人格権の違反としては、5年以下の懲役若しくは500万円以下の罰金又は両方が科せられます。法人では、3億円以下の罰金が科せられます。また、マンガやアニメ等が海賊版等の違法コンテンツと知りながらダウンロードした場合は、2年以下の懲役又は200万円以下の罰金になりました。

　さらに、民事上では、著作物を勝手に利用された被害者から損害賠償請求、不当利得返還請求等が行われます。この損害賠償額とは、無断で著作物を利用されることで本来得られるはずの収益分の損害の補填が求められ、億単位の巨額な賠償金を請求される例が増えています。

　法違反の刑罰は、しだいに重くなっています。これはICT化が進み、誰でもが簡単に人の著作物を勝手に利用することができるようになったことが大きな原因です。小学生でも人の著作物を簡単にSNSにアップすることが可能になってきました。この違法行為による損害賠償の金額も巨額なものになっています。法の罰則規定を重くすることで、違法行為の蔓延を防ぐ一つの手立てとしています。

2 学校運営と著作権

| 学校行事 |

運動会の応援のために、それぞれのチームの児童たちが作成する応援旗に人気のあるマンガの主人公の絵を描くことを計画しています。このような場合、マンガの作家さんの許諾を得る必要はありますか。

A 10 　運動会は、特別活動の一つですので授業となります。授業の過程でマンガの主人公の絵を描くには、許諾は不要です。

　運動会は、学校行事の中でも多くの保護者も参観し、児童生徒も準備、作成等が行われる一大事業です。この運動会を盛り上げるために児童が話し合い、マンガの主人公を選び、学級の子どもたちと意見を交わしながら応援旗に描くことは、特別活動の目標として掲げられる「集団や社会の形成者としての見方・考え方を働かせ，様々な集団活動に自主的，実践的に取り組み，互いのよさや可能性を発揮しながら集団や自己の生活上の課題を解決することを通して，次のとおり資質・能力を育成すること」に該当するものであり、学校の教育課程、年間指導計画等で位置付けられている授業の一つです。そのため法第35条により許諾は必要ありません。

　なお、この応援旗は運動会の事業のために作成されたものであり、運動会終了後は廃棄することになります。せっかく作成したのだからと言って、長期にわたり廊下に貼り出したり、違う用途に利用することは、「授業の過程」には該当しません。

｜ 資料の共有化 ｜

Q 11 　学校のさまざまな資料をデジタル化してファイルサーバーに保存し、校内ネットワークを使って資料を共有化することにより業務の軽減を図ることにしました。この場合はインターネットには接続しないので著作権は問題ないのでしょうか。

A 11 　自校で作成し著作権のある資料以外の著作物をファイルサーバーに保存するには、原則として複製の許諾を得なければなりません。

　人の著作物をファイルサーバーに保存することは、その著作物の複製を作ることになりますので、許諾を得なければなりません。しかし、自校の先生が自校の業務や授業のために作成したものは、学校に著作権がありますのでそのままサーバーに保存し、学校の教職員は自由に利用できます。また、国や地方自治体の作成する資料は原則として著作権が働きませんのでサーバーに保存できます。

　さて、このようにデジタル化した資料を学校図書館準備室から校内ネットワークを通してファイルサーバーに蓄積することは、公衆送信になるのでしょうか。公衆送信とは、「公衆によつて直接受信されることを目的として無線通信又は有線電気通信の送信」（法第2条第1項第7号の2）のことですので、この事例では公衆送信に該当

すると思いがちですが、実は「同一構内」に送信する場合には「公衆送信」にあたりません。この事例の場合は、校内だけのネットワークのため「同一構内」にあたりますので公衆送信権は働きません。

　しかし、公衆送信にはあたりませんが、仮に人の紙の著作物をファイルサーバーに保存するために紙の資料をコピー機でスキャン（複製）して、さらにサーバーに保存（複製）しますと複製権が働きます。そこで、複製の許諾を得なければならなくなります。

　では、次に資料の面で見てみましょう。学校にはさまざまな書類や資料があります。近年は紙の書類や資料をデジタル化したり、最初から一太郎やWordのようなワープロソフトを使って書類等をデジタルで作成するようになりました。これらは、同じような書式で毎年作成するものが多くあります。書類をデジタル化してあれば、前年度のものを参考にして作成するので大幅に時間と手間が軽減されるでしょう。

　これらの書類のほとんどは学校の職務として作成されていますので、通常はこの著作者は資料を作成した教員ではなく、学校になります。これを「職務著作」と言います（法第15条第1項）。そこで、大部分の資料は学校の著作物のために利用するときには許諾を得る必要はなく、自由に利用できます。学校の職務として資料を作成した教員が転勤しても、この資料を元にして加除修正もできます。

　しかし、他校の研究発表の資料、自校以外の教員が作成した指導案等も参考資料としてサーバーに蓄積する場合には、その学校の許諾を得なければなりません。また、教員が職務としてではなく、個人的な研究や研究団体の一員として作成した資料や指導案等は、学校の職務で作成したものではないので、その作成した教員個人又は研究団体が著作権を持つことになります。

｜ 資料の利用 ｜

 教職員の情報提供と研修の一環として、教育に関する記事が掲載されている新聞記事をコピーして教職員に配付しようすると、司書教諭からコピーを配付することはできないと言われました。そこで、その記事を拡大コピーして職員室に掲示しました。また、その記事をデジタル化して保存し、いつでも見られるようにしたいと思います。著作権法上の問題はありますか。

 新聞記事を拡大コピーして掲示すること、記事をデジタル化して保存することも複製にあたりますので許諾を得る必要があります。

　新聞記事の多くはその新聞社の記者が書いていますが、その記事の著作権は記者個人ではなく新聞社が持っています。記者以外の評論家等が書いている記事もありますが、その場合は著作権はその記事を書いた人にあります。そのために、どちらにしても学校で記事をコピー（複製）することは、許諾なしではできません。この事例の場合、拡大コピーした新聞記事を「掲示した」ことは問題ありません。新聞記事を「掲示する」ことには、著作権は働かないからです（19ページ参照）。しかし記事を拡大コピーすることが複製なので許諾が必要になるのです。また、デジタル化することも複製にあたるので許諾は必要になります。校内における教職員の研修のためであっても、これは授業ではないので許諾を得なければなりません。

　なお、新聞そのものを掲示したり保存したりすることは、著作権が働きませんので許諾を得ないでもできます。必要な記事を切り抜いて、回覧したり、掲示したり、スクラップブックに貼付して保存したりすることは、許諾を得る必要はありません。

｜ 掲示物の撮影 ｜

 研修のために他校の授業参観に行きました。壁に掲示してあった児童の「学習のまとめ」が大変すばらしかったので、校内研修の資料のためにたくさん撮影して、校内研修のときにプレゼンソフトでスクリーンに映しながら研修報告をしました。著作権法上問題はありますか。

 「学習のまとめ」を撮影することは、「複製」にあたります。原則として児童と保護者の許諾を得なければならないとされています。

　複製は、授業の過程か私的使用のためならば許諾を得る必要はありませんが、この事例の場合はどちらもあてはまりません。授業参観に参加している教員は授業を視察し研修の役に立てていますが、「授業を受ける者」ではありません。また、この撮影は、後に校内研修に上映するとのことですので、この撮影は職務として行っています。そのために私的使用にもあてはまりません。したがって、授業参観に参加しても写真を撮ることはできない、ということになります。

　教員が研修のために授業を参観し、授業の様子がわかる資料・ノート・レポートなどの学習成果物を参考にすることは、授業の質を高めることに資する重要なことです。授業参観の参加者は、事前に児童と保護者に許諾を得ることはできませんので、事実上授業参観の効果は半減してしまいます。ただし、児童と保護者の許諾を得れば利用

できますので、参観校があらかじめ児童と保護者に授業参観の意義と撮影した著作物の利用範囲、利用方法、利用後の措置、個人情報の扱い等の条件を提示しておけば、撮影は可能になることも考えられます。

｜校　歌｜

 Q14 卒業アルバムに校歌を載せますが、開校10周年の節目の年なので校歌を録音したCDを作成してアルバムの付録にする予定です。著作権法上の問題はありますか。

 A14 校歌を卒業アルバムに載せ、校歌を録音したCDを作成するには、作詞家と作曲家の許諾が必要です。

　校歌は、言語の著作物である歌詞と、音楽の著作物である楽曲により成り立っています。歌詞は作詞家が、楽曲は作曲家が著作者であり、それぞれ著作権を持っています。校歌の作成を依頼するときの契約にもよりますが、通常は校歌が完成後も作詞家、作曲家がそれぞれの著作権を持っています。したがって、校歌の歌詞や楽譜を卒業アルバムに載せたり、校歌をCDに録音するには両者から許諾を得なければなりません。

｜学校だより｜

 Q15 学校のホームページの「学校だより」に、新聞に載っていた作家の学校の想い出を綴ったエッセイを載せたいと思いますが、これは学校の児童と保護者しか配信しませんので作家の許諾は得ないでもよいのでしょうか。

 A15 「学校だより」は、授業の一環として作成・配信されてはいませんので、作家のエッセイを載せるためには作家の許諾が必要になります。

　「学校だより」は、学校、児童生徒の活動の様子、連絡事項等が掲載され、学校と家庭の相互の理解を深め、児童生徒の教育を支えるために大事な役割があります。学校だよりは学校内で作成・配布されたり、配信されたりするものとは言え、「授業」として行

われるものではありませんので人の著作物を載せるためには許諾を得る必要があります。

｜校内放送｜

 図書委員会の生徒たちが参加費無料の「学校図書館大フェスティバル」を企画しています。楽しい雰囲気を出すために市販の音楽CDを会場の閲覧室でかけ、宣伝のために昼休みに放送室からも校内に放送することにしました。許諾を得る必要はありますか。

 どちらも無料の演奏ですので、許諾を得る必要はありません。

　音楽を演奏したり、音楽のCDを再生することは、著作者の演奏権が関わりますが、非営利・無料であれば許諾は必要ありません（法第38条第1項）。この事例では、参加費無料の「学校図書館大フェスティバル」で音楽を流すのであり、非営利・無料に該当しますので許諾を得る必要はありません。

　放送室から校内に「放送」することも許諾は必要ありません。日常用語として、放送室から校内に音声や音楽を流すことを放送と言っていますが、この事例の場合は著作権法上の「放送」ではありません。「放送」とは、公衆送信の一つであり、同時に受信されることが目的の無線通信による公衆への送信のことを言います（法第2条第1項第8号）。校舎内で再生して同じ校舎内の各教室内に送信することは、「同一構内にあるものに送信」であり、これは公衆送信ではないと規定されていますので、この場合は無線通信による放送ではなく「演奏」に該当することになります（法第2条第1項第7の2号）。つまり、閲覧室でのCDによる再生も放送室からの送信もどちらの場合も演奏になり、この事例では非営利・無料なので許諾は必要ないことになります。

｜職員研修｜

 校内の職員研修では、研修資料として人の著作物をコピーして配布資料に載せて利用していますが、この場合は、学校の教職員研修なので許諾を得ないでもよいのでしょうか。

 学校での職員研修は、授業ではないので著作権法第35条が働きません。著作者の許諾を得る必要があります。

　学校の職員研修では、他の人や団体等が作成した資料を利用することがあります。このような研修会は、校内で実施したとしてもこれは授業ではないので著作権法第35条が働きません。利用するためには、許諾を得る必要があります。

　似たような例では、朝の職員の打ち合わせの際に新聞の記事をコピーして配布したり、教員の持つタブレットに送信することがあります。これも授業ではないので許諾を得る必要があります。

　よくある誤解に、「出所を明示すれば引用になるので許諾は不要」があります。引用であれば、引用の要件をすべて満たす必要があります。出所の明記は、要件の一つでしかなく、他の要件が満たされていませんので引用にはなりません。

　ただし、法律・裁判の判例、国・地方公共団体等が作成した著作物等の場合は、許諾を得る必要がありません。ただし、「複製を禁ずる」等が書かれていたら許諾を得る必要があります。

| 研修会の資料 |

授業研究会の公開授業を参観しました。教員が授業に利用する資料を生徒に配布して授業をしていましたが、その資料は参観者には配布されませんでした。参観者は、授業を受ける者ではないからだそうですが、その資料がないために授業の内容理解が十分できませんでした。配布資料を入手したいと思いますが、どのようにしたら入手できるのでしょうか。

以前は、研究授業で配布された資料は、参加者には配布されなかったのですが、現在では「運用指針」により参観者にも配布することができるようになりました。

　「改正著作権法第35条運用指針（令和3（2021）年度版）」によりますと、公開の研究授業で授業の資料として児童生徒に配布されたものは、授業の参観者にも配布することは、「必要な限度内」とされています。ただし、参観者のいない通常の授業で児童生徒に配布する資料の数は、児童生徒数を超えることはできません。

　また、授業参観日の授業で配布された資料もこの運用指針により、参観する保護者にも配布することが可能となりました。

教員は作品に手を入れてよいの？

　児童の書いた作文や描いた絵にも著作権はあります。著作権法では、法の定義に該当するものは、すべて著作権があります。法には、年齢の枠等はないので児童の作品も著作物であり、著作権が保護されます。したがって、児童の作品に加除修正を加えたり、勝手に公表することは、著作者人格権の公表権、同一性保持権を侵すことになります。

　学校現場では、作文の誤字・脱字、句読点の誤り等を修正したり、書き直す指導をしたりすることはよく行われています。児童は自分なりの力を出して書いていますが、いきなり修正することは、児童の意欲を削ぎかねません。では、児童の作品には、一切手を加えてはいけないのでしょうか。

　確かに、法では人の著作物を改変していけないと規定されています。しかし、学校教育で作文の誤字・脱字、句読点の誤り等を直すことは指導として行うのであり、恣意的に人格を否定するためにすることではありません。法では、創作者の「意に反して」改変はしてならないと規定していますので、児童や保護者に教育指導上の改変について理解を得ておくことで軽微な修正はできることにするとよいかと思われます。

　なお、読書感想文コンクールに応募するために書き上げて提出された作品に手を加えることは、法に触れるおそれがあります。読書感想文は読書指導の一つとして授業で指導されて感想文を書くものなので、指導の中で手を加えることを事前に理解を得ておいて指導すればよいでしょう。

3 学校図書館の管理・運営と著作権

| DVDの貸出し |

 Q 19 学校図書館の動物図鑑の付録にDVDがあります。このDVDを閲覧室内のブースで見たり、図鑑を借りてDVDを家で見ることはできるのでしょうか。

 A 19 DVDを閲覧室内のブースで見ることはできますが、DVDの貸出しはできませんので家で見ることはできません。

　学校図書館は、無料であれば本などを貸し出すことが許諾を得ないで自由に利用できます。しかし、DVDのような映画の著作物だけは、無料でも貸出しはできません（法第38条第4項）。教育活動ならば許諾を得ないで利用できるので、学校図書館で所蔵するものは当然貸し出すことはできると誤解されているところもありますが、映画だけは許諾を得る必要があります。したがって映画が収録されているDVDは貸出しすることはできないのです。

　ここで注意したい点は、DVDだから貸出しができない、というわけではないことです。

　DVDは、VHS、録音テープ、レコードと同様に記録する媒体の一つですが、DVDは記録媒体として容量が大きく通常は映像が記録されていますので大部分のDVDは映画の著作物を収録していると思われます。動物図鑑の付録のDVDには、まず動物の動きを表す映像が収録されているものと思われます。ただし、DVDによっては、映像ではなく、音楽や単なるデータが収録されていることもありますが、この場合はDVDに映画の著作物がないので貸出しは許諾を得ないで自由にできます。

　なお、映画のDVDの中には、教育活動のためなら「貸出し可」の表示がしてあるものもありますが、それは当然貸出しはできます。

| 本のデジタル化 |

 Q 20 学校図書館の蔵書の中で特に人気のあった本が絶版になり、買い換えができません。そこで、その本をデジタル化してCDに保存し、長く読めるようにしたいと思います。絶版の本なので著作権の許諾は得ないでもよいと思いますが、いかがでしょうか。

本を、デジタル化して保存することは複製にあたるために、著作者の許諾が必要です。

　この事例では、絶版の本なので許諾を得る必要はない、つまり著作権が消滅したと解しているようですが、通常は本は絶版になっても、それは出版されなくなったということだけであり、著作者の著作権が失われたということではありません。これは誤解しやすいので注意が必要です。

　本が傷んでしまい、新しい本を買おうとしても絶版のために手に入らない、ということがあります。近年、本の寿命が短くなり、すぐに絶版になる傾向があります。現在では、その本をばらして、1枚ずつデジタルカメラやコピー機でスキャン（複製）して、CD等に保存していつでも読めるようにすることが容易にできるようになりました。このように本をデジタル化して保存することは「自炊」とも言われ、広く行われるようになりました。これは複製になるので著作権者の許諾が必要ですが、私的に利用するために自らデジタル化することは、私的複製になるので許諾は必要ありません。

　しかし、この事例の場合は、学校図書館の蔵書をデジタルに媒体変換する職務上の業務になり、私的利用ではないので許諾を得る必要があります。たとえデジタル化の作業を家庭で行っても、目的が学校図書館の蔵書の媒体変換ですので私的複製とは言えません。

　近年、私的利用のために自分の蔵書をデジタル化する作業を代行する業者も現れました。私的利用のための複製なので許諾を得ないで自由に利用できるという論理でしたが、知的財産高等裁判所[1]判例では複製する実態から判断し、このような代行業者による複製は、複製の主体が依頼者ではなく業者になると判断し私的利用のための複製とは認めませんでした（知財高裁2014年）。

｜展　示｜

 図書委員が館内の雰囲気を明るく楽しいものにするために本の挿絵をカラーコピーして、館内に展示することは、許諾を得る必要はありますか。

 著作物を展示するには、展示権が働きますが、この事例では複製したものを展示するので展示の許諾を得る必要はありません。しかし、挿絵を複製しますので複製の許諾を得る必要はあります。

　著作物の展示権は、「美術の著作物又はまだ発行されていない写真の原作品」の著作物に限られています。このようにこの展示権は、美術と写真の原作品の展示に働きますので、複製したものには働きません。したがって、この事例では原作品ではなくコピーした複製物を展示するので、この場合には展示に関しては著作権は働きませんので展示は可能です。しかし、展示する前に挿絵をコピー（複製）していますが、館内の雰囲気を明るくするためにコピーをすることが授業としての委員会活動として認められるかどうか、その説明は難しいと思われます。よって複製の許諾を得る必要があります。

｜図書館だより｜

 Q 22 新着図書を紹介するためにその表紙の絵を図書館だよりに載せることは、許諾を得なければならないのでしょうか。

 A 22 図書の表紙には、絵又は写真が載っていますが、その表紙画像を図書館だよりに載せる場合には、原則としては許諾を得る必要があります。ただし、許諾を得ないでも載せることができることもあります。

　その本が児童書の場合には、児童図書関係団体の「児童書出版者・著作者懇談会」の手引き「読み聞かせ団体等による著作物の利用について」によりますと、「表紙をそのまま使用する場合は、商品を明示しているものとみなされ慣行上無許諾で使用できる。」とありますので、許諾を得ずに掲載することはできるものと思われます。ただし、その場合は作品名・著作者名（作・文・絵・写真など）・出版社名を必ず一体表記することを要望しています。

　児童書以外の場合は、法第47条の２の規定により図書の貸出しを周知するために、図書の表紙画像を許諾を得ることなく図書館だよりを掲載する（ホームページにアップすることも含む）ことができます。ただし、その場合は、次の要件を満たす必要があります。

　　ア　自館の所蔵する図書の表紙を直接複製する

　　イ　紙の図書館だより：複製する大きさが50平方センチメートル以下

　　ウ　デジタルの場合　：プロテクション有り　90,000画素以下

　　　　　　　　　　　　：プロテクション無し　32,400画素以下

| 委員会活動 |

本校の学校図書館では、毎年委員会活動の一つとして「図書館フェスティバル」を開いています。学校図書館や読書に関する催しものや図書館クイズ等を行っています。読書の楽しさを知ってもらうためにチラシ等も作っていますが、そこに人気のある図書の表紙写真等を載せているのですが、人の著作物をこのフェスティバルに使うときには許諾を得なければなりませんか。

この事例であれば、この委員会活動は特別活動の一つの授業と解されるので、法第35条の要件を満たした活動であれば許諾を得る必要はありません。活動の終了後には使用した著作物は保存したり、違うことに利用したりすることはできません。

　委員会活動は、特別活動として自校の教育課程に則り、学校図書館の年間計画に位置付けられていることで授業の一つとして法第35条により許諾を得ずに行うことができます。

　この活動が「授業の過程」におけるものであれば法第35条第1項が働きます。授業では、その授業を担当する教員・司書教諭の指導のもとに、授業の目的、その目的を達成するための活動、その活動の評価等が明確になっていることが求められます。また、「当該著作物の種類及び用途並びに当該複製の部数及び当該複製、公衆送信又は伝達の態様に照らし著作権者の利益を不当に害することとなる場合は、この限りでない。」と規定してありますので利用する著作物の種類、どのように利用するのか、どのくらいの数量か、どのようにして児童生徒に提供するのか等について教育上の視点で考慮し、著作者の利益を不当に害することはないことの「説明責任」があります。

| 複製の保存 |

児童が作成した調べ学習のまとめをリーフレットにしています。この学習のために人の著作物をコピーしたり、撮影したりしたものがあります。これは、リーフレットにまとめて授業が終わったのですが、複製した資料は廃棄しなければならないのでしょうか。来年度の学習の参考として、学校図書館で保存しておくことはできないのでしょうか。

授業で課題を解決するために複製した資料等は、以前はその単元の終了後には廃棄しなければなりませんでしたが、「運用指針」により教員や児童生徒が自分の記録として保存することができるようになりました。ただし、その資料を学校図書館が保存することは、「自分の記録」ではありませんので許諾を得る必要があります。

　法第35条が改正されたことを受けて、学校における著作物の利用がスムーズにできるように著作権者と利用者の関係者フォーラムで話し合い、「改正著作権法第35条運用指針（令和２（2020）年度版）」が作成されました。この指針によりますと「自らの記録として保存しておくための教員等または履修者等による複製」は、「授業の過程」での行為とすると合意しました。これにより、これまで著作物の保存は、できませんでしたが、授業の過程において、教員、児童生徒が利用した著作物の複製は、自分の記録として保存することが許諾を得ずに行えることになりました。この授業のときに複製をしたのは、教員又は児童生徒ですので「自分の記録」として保存するのも「教員又は児童生徒」になります。したがいまして、学校図書館では保存はできないことになります。貴重な資料で保存して利用するのであれば、許諾を得ることで保存が可能となります。

4 学習指導と著作権

｜教科学習｜

教科の授業で教科書以外の資料や本を使うときに、著作権法に違反するのではないかと心配をしています。何を基準にして考えればよいのですか。

授業の場合には、法第35条に則っていれば、ほとんどの学習活動が著作権法に違反せずにできます。

　法第35条は、授業の過程、教育を担任する教職員・児童生徒が必要な範囲内で著作権者の利益を不当に害さなければ許諾を得ないで複製、翻訳、編曲、変形、翻案、公衆送信ができますので、いろいろな学習活動が可能となります（30ページ参照）。

具体的に学習活動が法第35条に則っているか否かをどのようにして判断するのか、よくわからない面があります。**図3**のような手順で考えれば判断が容易にできます。

図3　教育目的の複製

｜授業の利用｜

授業で人の著作物を利用するときには、著作権法に触れるか触れないか、と迷うことが多くあります。この判断は、どのようにしたらよいのでしょうか。

人の著作物を利用するときには、許諾を得ることが大前提です。しかし、学校の「授業の過程」での利用のときには、法第35条により、複製、公衆送信（補償金を支払う）が許諾は必要ありません。さらに、法第47条の6により翻訳、編曲、変形又は翻案も許諾なしで利用できます。

　著作権法第35条に抵触するか否かの判断は、次のステップで判断をすることができます。

①利用するものは、法第2条第1項第1号で定義する「著作物」なのか。

　＊法で定義する著作物でなければ、著作権に関係なく自由に利用できます。また、創作性に欠ける簡単なものは、著作物ではないので自由に利用できます。

②利用するものは、法令・条例・判決・告示・通達等なのか。

　＊これらは、多くの人が知っておくものなので、権利の目的とはしていません。そこで、自由に利用できます。

③著作物の著作者は、誰か。

　＊国・公共団体等の公的なところで作成したものは、自由に利用できる場合があります。

　ただし、複製等を禁止している場合もありますので確認をする必要があります。

④授業で利用するのか。

＊校務や研修では、法第35条は該当しません。

＊学校の管理下で教育目標を達成するために教育課程に則って計画的に実施する教育活動ならば法第35条により許諾は不要です。

⑤ **誰が利用するのか。**

＊教育を担任する者及び授業を受ける者が行う。教員・司書教諭の指示によって学習の支援者や補助者等が行うことは、教員の行為となります。

⑥ **必要な数以内の利用か。**

＊授業に利用するために必要な数を超えることはできません。

⑦ **利用することで著作者の利益を不当に害さないか。**

＊著作物の種類、利用のしかた等によって著作者の利益を大きく害する場合には、許諾を得る必要があります。

授業以外の学校の活動では、下記の表のような条項の規定により許諾を得ずに利用することもできます。これらは、学校だけではなく、学校以外の企業・団体の活動、個人の活動にも該当するものもあります。例えば、「読み聞かせ」は法第38条により、非営利・無料・無報酬の要件を満たすことで、許諾を得ずに誰でもが行うことができます。法第30条の私的使用のための複製は、学校での活動は、私的な活動ではないために働きません。また、法第31条の図書館等での複製は、学校図書館は図書館等には含まれていませんので著作権は働きません。

私的利用のための複製	個人的、家庭内、小グループの複製	第30条
図書館等における複製	公共図書館等のコピーサービス	第31条
引　用	他人の著作物を引用して利用	第32条
視覚障害者等のための複製等	複製、その複製物の貸出、譲渡、自動公衆送信、翻訳、変形、翻案もできる	第37条
聴覚障害者のための自動公衆送信等	字幕等の複製、自動公衆送信 聴覚障害者等への貸出の目的字幕等付きの映画の作成、翻訳、翻案	第37条の2
営利を目的としない上演等	料金を取らない上演・演奏・上映・口述	第38条
美術の著作物等の譲渡等の申出に伴う複製等	美術、写真の譲渡、貸出のために行う複製及び自動公衆送信	第47条の2

｜作文の修正｜

 児童の書いた作文の文集を作成します。作文の内容はよかったのですが、漢字の誤字や脱字、句読点の誤り、固有名詞の誤りがありましたので、修正をしました。これは著作権の同一性保持権の侵害になりますか。

 著作物には、同一性保持権がありますので、他の人はこの作文を修正等はできません。しかし、学校での作文の指導のための修正は、教育目的のためのものであり、このような担任の修正は許諾はなしでも可能と解されています。

　小学生が書いた作文も著作物であり、法により著作権が保護されます。法第20条第１項では、同一性保持権について規定し、著作者の意に反する著作物の変更、切除、改変は禁じています。

　それでは、人の著作物には一切変更等を加えてはならないのでしょうか。法第20条第２項第４号には、「著作物の性質並びにその利用の目的及び態様に照らしやむを得ないと認められる改変」は、できると規定しています。

　学校教育では、児童は、文章を書くことを学び、同時に正しい漢字の書き方、使用法、句読点の使い方も学びます。その場合、誤り等は修正することで正しい使い方が身に付いていきます。指導上では誤字・脱字・句読点等を修正することはこの第４号に該当するものと解することができます。

｜コンクールへの出品｜

 児童の書いた作文をある作文コンクールに出品したところ、最優秀賞を受賞しました。この作文を広く読んでもらいたいと思い、学校のホームページに掲載することにしました。この場合、掲載の許諾を得る必要がありますか。

 受賞者の作文を学校のホームページに載せるには、作文コンクール主催者の許諾を得る必要があります。

　通常は、児童の書いた作文の著作権は、児童が持っています。そのために、学校のホームページに掲載するには、児童の許諾と保護者の同意が必要になります。

　　しかし、コンクールへの出品作品となりますと、著作権の所有者は通常はコンクールの主催者になります。コンクールの募集チラシやパンフレットには、「応募した作品の著作権は、主催者に帰属します。」と書いてある場合がほとんどです。そのため、このような文言が書いてある場合には、応募者は著作権が主催者に移転することを了承しているものとみなされます。この文言は知らなかった、読んでいなかった、ということは認められません。

　　ただ、学校を通して募集するコンクールに出品するような場合に、児童生徒や保護者が著作権に関する条項を知らないこともありますので、学校は募集する際に、募集要項、募集チラシ等の内容を正確に知らせる必要があります。

｜ 修学旅行・林間学校 ｜

 修学旅行用に生徒が「旅のしおり」を作ります。その資料として旅行案内書、観光協会が作成した地図、土産店の名産品の紹介文等をコピーして載せますが、その資料の一つひとつについて許諾を得なければならないのでしょうか。

 修学旅行は、授業ですのでしおりに資料を利用することは許諾を得ないでできます。

　　修学旅行のしおりには、訪問先の地理・歴史・自然・伝統産業・特色・地図・交通機関・交通網等のほかに、修学旅行の目的・重点やその訪問先でしかわからない特別な資料等を載せることが多いと思います。そのために多種多様な資料を利用することになります。ほとんどのものは著作

物であり、誰かが著作権を持っていますが、学校では授業の過程であれば法第35条の五つの要件を満たすことで許諾を得る必要はありません。

　　ホームページに載っている文章や写真も利用できますが、責任の所在が明確で信頼できるホームページか否かをよく見極める必要があります（95ページ参照）。

| 教材の作成 |

 社会科の「昔の生活」について授業をするために学区の方が撮影された明治時代の写真をお借りしました。写真には、この授業に関係のないものが写っていましたのでその部分を半分ほど削除して複製し、資料として配布しました。すでに著作権が切れていますので許諾は不要だと思いますが、この判断でよろしいでしょうか。

 この写真の著作者はすでにお亡くなりになり、著作者人格権は消滅していますが、半分ほどを削除して利用されたことが著作者人格権に触れる可能性があります。

　著作物の写真を半分にする改変は、著作者人格権の同一性保持権を侵すことになります。この事例では、撮影された方がお亡くなりなったことで著作者人格権は消滅していますが、もし著作者が存在しているとしたならばその著作者人格権の侵害となるべき行為をしてはならない、と法では規定しています（法第60条）ので、その削除が撮影者の方の人格的利益を損なうことになる可能性もあります。

　その場合は、遺族が訴えて名誉回復等の措置請求がなされることもあります。

5 読書指導と著作権

| 読書会用図書の複製 |

 国語の授業で、読書会をしたいと思いますが、本校の学校図書館には同じ本が40冊ありません。そこで、読書会用のページ数が少ない本1冊を40人分コピーして使いたいと思います。同僚の先生から授業なので許諾を得る必要はない、と言われましたが、本当にそうなのでしょうか。

 1冊の本から40人分をコピーするのは、著作者の利益を害することになりますのでコピーすることはできません。

　通常は、学校の授業で教員がコピー（複製）して児童生徒に配付することは、法第35条第1項により許諾を得る必要はありません。しかし、学校教育で複製等が許諾

を得ないで自由に利用できるのは、次の五つの要件をすべて満たした場合だけです。

　ア　公表された著作物であること

　イ　教育を担任している者及び授業を受ける者が複製すること

　ウ　授業の過程における使用を目的とすること

　エ　必要と認められる限度内で複製すること

　オ　著作権者の利益を不当に害さないこと

　この事例の場合は、オの「著作権者の利益を不当に害さないこと」に抵触します。集団読書用、読書会用の本は、もともと１学級の全員が購入することを前提に販売価格を安く設定している本ですが、それを１冊だけ購入して学級の人数分コピーをすることは、著作権者の利益を損なうことになります。

｜本の翻案｜

 国語の授業で物語を絵本にすることにしました。授業後、せっかく楽しい絵本がたくさんできたので学校図書館に置いて自由に読んでもらうことにしました。作家が書いた物語をこのように変えることは、同一性保持権を侵害することになるのでしょうか。

 物語を絵本にする翻案は、学校の授業で行うので許諾を得ないでできますが、できた絵本を学校図書館に保存することはできません。

　物語を絵本に変えることは、翻案とされています。言語の著作物の翻案とは、「既存の著作物に依拠し、かつ、その表現上の本質的な特徴の同一性を維持しつつ、具体的表現に修正、増減、変更等を加えて、新たに思想又は感情を創作的に表現することにより、これに接する者が既存の著作物の表現上の本質的な特徴を直接感得することのできる別の著作物を創作する行為」を言います（最高裁判決2001年）。この事例では、原著作物である物語に依拠しつつ、物語としての本質は損なうことなく、修正・変更して自分なりの考えで絵本の形式で表現をしているので翻案と思われます。

　翻案は、「授業の過程」では許諾を得ないでできます。しかし、保存まではできないとされていますので、作成した絵本を学校図書館の資料として保存することはできないとされています。

｜物語の改変｜

低学年の国語の教科書に掲載されている物語を書いた著者は、高学年向けの物語も書いています。そこで、発展読書としてその高学年向け物語の表現や漢字を低学年の児童でも読めるように表現を易しくし、漢字をひらがなに変え、筋の一部を省略して単純にしてプリントしたものを配付したいと思います。これは著作権法に触れるでしょうか。

改変の程度にもよりますが、この事例では同一性保持権に触れるおそれがあります。

　学校の授業の過程では、複製・翻案などは許諾を得ないで自由に利用できます。しかし、著作物の創作者の著作者人格権を侵害することまではできません。人の著作物について著作者の意に反して手を加えることは著作者の同一性保持権を侵害する、とされています。

　ただし、学校の授業では、やむを得ない範囲での改変等は認められています。まだ習得していない漢字をひらがなにしたり、旧漢字、旧仮名遣いを現代仮名遣いに直す程度は、学習の妨げにもなりますので変更もできると解されています。しかし、この事例の場合は、かなりの改変が加えられています。筋を省略することは、一部を削除することであり、著作者の意に反する改変と言えるでしょう。

6 情報活用指導と著作権

｜引　用｜

市内の文化祭で、生徒が授業で作成したレポートを公民館の会場で生徒がプロジェクターで映し、印刷したレポートを参加者に配付して発表することを要請されました。文化祭は参加費無料で、保護者、地域の方、他校の中学生が多く参加しています。レポートには人の著作物も引用されていますが、許諾を得なければなりませんか。

レポートは、生徒が著作権を持つ著作物ですので許諾を得る必要はありません。

　学校の学習で作成したレポートは、作成した生徒の著作物であり、著作権を持っていますからプロジェクターで上映したり、印刷（複製）したりして配付することはできます。レポートに人の著作物を引用しているとのことですが、引用が適切に行われていれば印刷して配付することに問題はありません。引用は、人の著作物を許諾を得ないで利用できます。ただし、引用の要件を満たしていなければ引用とは言えません（27ページ参照）。人の著作物を引用の要件が満たされていないのに引用と称している例を見かけることがあります。著作権教育で引用についてしっかりと指導しなければならないと思います。

｜引　用｜

 社会科の学習で、最後に学習のまとめとして３ページのレポートにする課題を課しました。ある生徒のレポートの枚数が１ページしか書いてないために、再提出させたところ、本からテーマに関係する箇所を２ページ分引用してきました。出所はきちんと書いてありますが問題はありますか。

 ３ページのレポートのうち１ページが自分のまとめの文章等で、残りの２ページが人の著作物を写したものでは、引用とは言えないと思われます。

　引用するには、引用の要件をすべて満たす必要があります。この事例の場合は「主従関係」と「必然性」の要件に欠けています。生徒が自分で書いたものが１ページで、引用した分が２ページでは、枚数の観点では主が人の著作物であり、従が生徒の書いたものになり、主従が逆転しています。主従関係は枚数等の量だけではなく、質による主従関係もありますが、約70％弱が人の著作物では質的にも主従の関係の逆転が推測できます。

　さらに、この事例では、引用の「必然性」に欠けているように思われます。必然性とは自分の意見等を補強したり、裏付けしたり、よりわかりやすくするために人の著作物の一部を利用する合理的な理由があることです。この事例は、レポートを完成させた後に人の著作物を２ページ分付け加えましたが、なぜ付け加えたかの理由がなく、必然性に欠けると判断されてもしかたがないと思われます。

| 出所の表し方 |

 研修会で発表するレポートに他の論文を引用したいのですが、出所は論文名、著者名、発表された年を書けばよいのでしょうか。

 引用する論文の出所は、その論文が特定できるだけの事項を載せる必要があります。

　引用した著作物は、他の著作物の中から特定できるだけの事項を載せ、その著作物を創作した主体が誰か、どのように発表したかなどを明記する必要があります。この事例では、論文を引用するので、文献の出典として次の事項を書けばよいでしょう（29ページ参照）。

図　　書	著者名、書名、出版社名、出版年、引用するページ
雑　　誌	著者名、題名、雑誌名、号数、発行年、引用ページ
新　　聞	紙名、発行年月日、朝夕刊、版、見出し
ウェブサイト	著者名、ページタイトル、サイト名、引用ページの最終更新日、ページURL、引用した日及び時刻

　文献は、毎年膨大に書かれ、発表されています。図書の場合は毎年約8万タイトルが出版され、さらに学会、大学、研究機関等で発表される論文、ウェブサイトに掲載されている論文等を加えると相当の点数になります。その中から一つの論文を特定するためには、前述のように細かく出典を明記しなければならないでしょう。ウェブサイトの場合は、図書等に比べて更新が容易にできるので、更新した日、さらにそのサイトを見た日と時刻も必要になります。

　出典は、原則として引用した文の近くに書きます。同じページの下部か、章などのある程度まとまったページの最後のページにまとめて書くこともあります。

| 写真撮影 |

 学習活動で、学校の外で写真を撮って新聞やレポート等に載せることが多くありますが、写真を撮るときと写した写真を利用するときに注意することはなんですか。

 人を撮り、その写真を利用するときには、写された人の肖像権やパブリシティー権に注意します。

　写真や映像を撮られる人には肖像権がありますので、人を写真に撮るときには相手の了承を得るようにします（13ページ参照）。特に、幼児や小学生のときには、誘拐等の犯罪に巻き込まれる原因にもなることもありますので、本人と保護者に撮影する目的、利用法を明確にして了承を得るようにします。

　撮影される人によっては、肖像権のほかにパブリシティー権にも関係します。著名人の場合には、写真や映像により商品の売り上げが増えるなどの顧客誘引力がありますので、無断で著名人を撮ることはパブリシティー権を侵害することになります。

｜ タブレットの利用 ｜

 国語の授業で並行読書をさせたいのですが、学校図書館には児童の人数分の複本がないので、本を全文スキャンしてタブレットで共有して読ませたいと思います。著作権上、可能でしょうか。

 並行読書をさせるために１冊をまるごとコピーしてタブレットで共有することは、著作者の利益を不当に害することになりますので許諾を得て行うことになります。

　並行読書には複数の図書が必要になります。学校図書館に複本がないために１冊をまるごとコピーすることは、著作権法に触れないように思えるかもしれませんが、法第35条第１項には「著作権者の利益を不当に害する」場合には許諾なしでの利用は該当しないとしています。不当に害さない範囲内ということは、図書の全文ではなく、授業に必要な部分のことを言います。また、１冊の図書を複数回に分けて一部分をコピーし、結果的に１冊まるごとコピーすることも利益を害することに該当します。

　なお、並行読書、読書会、朝の全校一斉読書のように多くの複本がさらに必要になることが予想されますが、そのためには、全国SLAが発行する『集団読書テキスト』は１冊が100円から200円程度と安価ですのでそれを利用する方法もあります。

｜ 自宅での授業 ｜

 児童に自宅学習をさせるために必要な資料をコピーして児童のタブレットに送信することは、許諾を得ないでもできるのでしょうか。また、その資料を受けた生徒は、自宅でコピーしたり、そのコピーしたものを保存してもよいのでしょうか。

授業の自宅学習のために著作物を資料として生徒のタブレットに送信したり、受信した児童がその資料を保存することは、法第35条第1項により許諾を得なくてもできます。ただし、送信は、公衆送信になりますので著作権者に補償金を支払うことになります。

　学校での授業の延長として自宅での学習（予習・復習も含む）は、「改正著作権法第35条運用指針」により「授業の過程」とみなされます。また、学習のために生徒のタブレットに送信することは、学校が補償金制度に加入していれば許諾を得ないでできます。さらに、送信された資料を児童が保存することもできます。

　ただし、資料の「種類及び用途並びに当該複製の部数及び当該複製、公衆送信又は伝達の態様に照らし著作権者の利益を不当に害することとなる場合」（法第35条第1項）は、該当しません。また、誰でもがこの公衆送信を受信できるようなネットワークを利用することはできません。他の人が受信できないようにID・パスワード等を使う閉ざされた環境では可能です。受信は、授業を受ける児童に限られますが、小学校低学年等で機器類の操作が十分にできない場合に保護者が補助することはできます。

| SNSの利用 |

 動画共有サイト（YouTube等）の中に授業に使える動画がありましたのでそれを授業で視聴させることは、許諾を得なくてもできますか。

 動画共有サイトに公表された著作物は、授業で利用する場合には許諾を得る必要はありません。ただし、この著作物の著作権については、慎重に対応する必要があります。

　公表された著作物は授業等で利用するのであれば、法第35条により著作権者の許諾を得る必要はありません。その著作物の利用に条件等がある場合には、その条件に外れた利用はできません。

　ただし、動画共有サイトには、自分では著作権を持っていない著作物、勝手に作った偽物、悪意によるフェイクなど、違法なものが配信されていることが多くあります。発信者が自分でもこの著作物が違法か合法かがわからないまま配信していることもあります。利用しようとする著作物が違法か合法かの判断は、極めて困難です。利用する場合は、信頼のおける公的な機関・団体等が配信しているものにするとよいでしょう。

Column **5**

学校は優遇されているの？

　著作権法第35条により、学校がとても優遇され、コピーなどが自由に何枚でもできる、とよく言われています。本当に学校は、なんでもできるのでしょうか。

　また、学校は優遇されているのでしょうか。

　著作権に関する法は、その萌芽として明治2年の出版者、著作者の保護を目的とする「出版条例」から始まり、明治32年に著作権法が制定され、昭和45年に大改正され、現在まで続いています。明治32年の旧著作権法には、学校や教育機関の複製等の規定はありませんでしたが、現行の法で第35条に規定されました。

　法第35条は、学校だけではなく、「その他の教育機関」も対象にしています。その他の機関とは、各種学校、保育所、学童保育、公民館、博物館、教育センター等も該当します。法第35条の対象は学校だけではなく、社会教育も含み、営利事業を除くすべての教育機関を対象にしています。

　これにより複製・公衆送信（補償金が必要）と翻訳、編曲、変形、翻案は許諾は不要です。これは教育のために著作権者の権利を一部制限しているからで、利用者の権利を保護しているのではありません。著作物の利用には、「必要と認められる限度内」と「著作権者の利益を不当に害さない」の枠があります。

　この枠内で次代を担う子どもたちを社会全体で育み、それが回り回って、社会全体の発展と人の幸せに結びついています。学校だけが「優遇」されているのではなく、この制度は社会の発展のために社会全体で教育に取り組み、教育機関を大切にし、支援し、機能の拡大をしていこうという表れなのです。

特別な支援と著作権

| 視覚著作物の利用 |

 本校に手に障害があり本を持てないので本を読むことが困難な児童がいます。その児童が読書を楽しめるように、本を読み上げて録音して児童がその録音を聞けるようにしたいと思いますが、録音するには許諾を得なければならないのですか。

 学校図書館は、手に障害があり本を持てない児童のために本を録音することは許諾を得ないでできます。

通常、本は文字を目で見て読みます。しかし、手が不自由なために本を持てない場合には、自分で本の文字を見ることが困難なので本を読めないことになります。本のように視覚で認識する著作物を十分に認識することが困難な障害は、肢体不自由のほかにも、発達障害、知的障害、学習障害等があります。そ

のために2009年の法改正により、学校図書館、公共図書館、点字図書館等は、視覚障害者のほかにも視覚による表現の認識に障害のある人に録音、拡大文字、マルチメディアDAISY※2、布の絵本、リライト等をするための複製、公衆送信（送信可能化を含む）が許諾を得ないでできることになりました（法第37条第3項）。これにより、学校図書館が蔵書の一部をLLブック※3にして、閲覧や貸出しが許諾を得ないでできるようになりました。また、そのLLブックのデータを他に送信して、送信された学校図書館が自作することもできるようになりました。こうして作成したLLブックは学校図書館で保存もできます。

ただし、前述のように録音、拡大文字、リライトしようとする本などがすでに販売等で提供や提示されている場合にはこのようなことはできません。

なお、具体的な著作物の取扱いの方針等を示すガイドライン「図書館の障害者サービスにおける著作権法第37条第3項に基づく著作物の複製等に関するガイドライン」（https://www.j-sla.or.jp/guideline2010.2.18.pdf）を全国学校図書館協議会、日本図書館協会等の図書館5団体と権利者団体が協議して2010年に公表しています。

｜聴覚著作物の利用｜

 本校の学校図書館が所蔵する映画のDVDには、字幕がないために聴覚障害のある児童は楽しむことができません。そこで、字幕を付けたDVDを作成したいと思いますが、許諾を得る必要はあるのでしょうか。

 学校図書館が貸出し用のために字幕を付けたDVDを作成することは、著作権者に補償金を支払うことで許諾を得ないでできます。

　これまでは、学校図書館が映画に字幕を付けた映画のDVDを作成するには、著作権者の許諾を得なければできませんでしたが、法改正により補償金を支払うことにより許諾を得ないでも可能となりました（法第37条の２第２号）。ただし、こうして字幕を付けた映画のDVDは、貸出し用のためであり、館内視聴は認められていません。

⑧ ボランティア活動と著作権

｜ボランティア活動｜

 学校図書館ボランティアになりました。いろいろな活動をして子どもたちに読書の楽しさを十分知ってもらいたいと思います。ボランティアも学校図書館内であれば先生と同じように許諾を得ないでさまざまな活動をすることができるのでしょうか。

 学校における授業の過程では、許諾を得ないで複製等はできますが、これができるのは、授業を担当する教諭・司書教諭と授業を受ける児童生徒です。学校図書館ボランティアは、授業を担当していませんので法第35条は該当しませんので、人の著作物を利用する活動をするときには許諾を得なければなりません。

　学校では授業以外にも児童生徒の成長に役立つさまざまな活動が行われていますが、この活動はすべてが法第35条に該当するわけではありません。法は、授業に限りその授業を担当する教諭・司書教諭、授業を受ける児童生徒等が許諾を得ないで利用できると規定しています。そのために学校図書館ボランティアは、授業を担当して

いませんので法第35条により人の著作物の複製等はできません。

　一方、授業における複製等は法第35条によりできませんが、76ページのA26の表のように、授業ではない活動も許諾を得ないでできます。例えば、法第38条第１項により、著作物の上演・演奏・上映・口述は、公表された著作物を営利を目的としないで、視聴する人から料金を受け取らないで、読み聞かせをする人に謝金等を支払わない、という要件をすべて満たした活動は、許諾を得ないでもできます。

｜ボランティア活動｜

学校図書館のボランティアをしています。学校図書館があまりにも殺風景なので、家にクレーンでつり上げるゲームで得た景品のぬいぐるみの人形があるので、それを真似して大きな人形を手作りして、書架に並べました。ところが著作権に問題があると言われました。どこに問題があるのでしょうか。

この事例のように景品として大量に作られているぬいぐるみは、著作権法上の著作物には該当しないとされ、これを真似してぬいぐるみを作成しても問題はないとされています。

　一般的に、ゲームの景品のように工業的に大量生産されるぬいぐるみは、著作権法ではなく、意匠法によって意匠権が保護されています（13ページ参照）。意匠権とは美観を起こさせる外観の製品や商品のデザインを独占的に利用できる権利です。意匠法の目的は、「産業の発達に寄与する」ことにあり、景品のぬいぐるみを同じデザインで大量に作成して販売すれば、意匠権を侵害したとして訴えられることもありますが、販売目的ではない利用は、意匠権を侵害することにはならないでしょう。

　ただし、キャラクターの絵を元にして作成するぬいぐるみは、絵をぬいぐるみに翻案した二次的著作物となる可能性があります。授業の過程で児童生徒が作るのであれば許諾を得なくてもよいのですが、ボランティアは授業を受ける者ではありませんので許諾を得なければなりません。

｜読み聞かせの録画｜

学校図書館ボランティアが読み聞かせを録画して、その録画を給食の時間に校内放送で各教室に流すことは、許諾は必要ですか。

絵本等の読み聞かせを録画することは、絵本の複製になりますが、法第38条第1項には「複製」は規定されていませんので複製の許諾を得る必要があります。

　絵本等の「読み聞かせ」は口述になります。法第38条により著作物は、公表された著作物を営利を目的としないで、視聴する人から料金を受け取らないで、読み聞かせをした人に謝金等を支払わない、という要件を満たしていれば上演・演奏・上映・口述の許諾は不要です。ただし、これには複製・公衆送信は規定していませんのでご注意ください。

　その読み聞かせを録画することは、複製になりますので許諾を得る必要があります。それでは、ボランティアの自宅で読み聞かせをして録画した場合は、法第30条第1項により許諾を得なくてもよいのでしょうか。個人や家庭内での私的な使用のための複製は法第30条第1項でできますが、この事例の場合は、学校での読み聞かせの一つとしての利用であり、私的利用ではありませんので録画には許諾が必要になります。

　一方、許諾を得た録画を校内放送で教室に流すことは、許諾を得る必要はありません。校内放送は、「放送」という用語により「公衆送信」と思いがちですが、「公衆送信」は著作物の送信するところと受信するところが「同一構内」であれば「公衆送信」には該当しません。この場合は、口述になり、無料で行われているので許諾は不要となります。

読み聞かせ

ボランティアが昼休みに学校図書館で絵本の読み聞かせをしています。絵本が小さく後ろの子に見えないので、絵本をコピー機で大きく複製して読み聞かせをしたり、大型紙芝居にして紙芝居をしています。このような利用をする場合には、許諾を得る必要がありますか。

絵本をコピー機で大きくしたり、大型紙芝居にすることは、許諾を得る必要があります。

　絵本をコピー機で大きくすることは複製になります。授業であれば授業を担当する教員や児童が複製することは許諾を得る必要はありませんが、ボランティアが複製するには許諾を得る必要があります。

　紙芝居にすることは、絵本という紙に印刷して綴じている図書を紙芝居に表現方法を変えていますので、これは紙芝居に翻案したことになります。翻案することは、学校の授業でしたら許諾を得る必要はありませんが、ボランティアの活動は授業ではないので許諾を得る必要があります。

⑨ ウェブサイトの利用と著作権

｜ウェブサイトの利用｜

最近の学習は、ウェブサイトから情報を得ることが多いのですが、経費の関係上著作権フリーの写真や絵を使っていますが、その際気をつけることはどのようなことですか。

ウェブサイトの著作権フリーの利用は、信頼のおけるサイトのものを利用するようにしましょう。運営者がよく分からないようなサイトは危険なので利用しないようにしましょう。

　著作権フリーのウェブサイトは、利用する際に許諾を得ないでも利用できるとしてよく利用されています。しかし、これらのサイトには、運営者が著作権を持っている著作物をアップしているとは限りません。著作権を持っていない著作物を勝手にアップしている場合もあり、大きな社会問題となっています。うっかりこのような著作物を利用した場合には、このサイトの運営者と同罪となり、巨額の損害賠償を請求されることもあります。人の著作物だとは知らなかったと言っても通用しません。

　また、ウェブサイトの中には悪質なものも多くあります。詐欺サイトに誘引するもの、個人情報を得るもの、著名人の写真等を載せて信用させものを販売する詐欺など、現在は危険なサイトが溢れかえっていますので、利用するには十分注意をする必要があります。

　利用できるか否かの判断は、そのウェブサイトの運営者のプロフィール、住所、メールアドレス、電話等の連絡先、利用条件、更新日時等の有無である程度できます。さらにサイトの信頼度を知るためには、無料のURLチェックサービスを利用することもできます。また、警察庁の「偽ショッピングサイト・詐欺サイト対策」(https://www.npa.go.jp/bureau/cyber/countermeasures/fake-shop.html) には、危険なサイトの手口、被害に遭わない方法等が詳しく載っていますので参考になります。

｜著作権フリー｜

 読書の振興を図るために一人ひとりの貸出冊数に応じて本のしおりを渡しています。しおりは、ホームページに掲載されている著作権フリーの可愛いウサギのイラストをダウンロードして、それを印刷してしおりにしています。これは著作権上問題ありますか。

 通常は著作権フリーのイラストは許諾を得ないで自由に利用できますが、著作権フリーの内容をよく見極めてから利用するとよいでしょう。

原則として、ホームページに掲載されているイラストは著作物ですので、利用するときには著作者の許諾が必要になります。一方、著作権フリーとして写真やイラスト等を自由に使うことをあらかじめ許諾しているホームページも多くあります。面倒な手続きを要しないで、無料ということで利用している学校も多くあると思います。

「著作権フリー」と書いてありますと、許諾を得ないで自由に利用できる、と思いがちです。しかし、単に「著作権フリー」と称していても、「フリー」の内容には、どのように利用してもよいものから、利用にあたっていろいろな条件を付けるものもあります。多くの場合は、利用条件が付いています。

まずは、ホームページを利用する際には、条件の有無を確認します。条件が書いてあっても、運営者が著作物の著作権を持っていないのに「著作権フリー」と称して勝手にアップしている場合もありますので、そのホームページが本当に信用できるのかどうかもチェックする必要があります（詳しくは92ページのＡ47を参照）。

条件には、次のような種類があります。ホームページによって表現はいろいろありますが、どれにあてはまるかよく注意してください。

①**著作権を放棄する。**

著作権そのものを放棄するので、その著作物には著作権者がいないので許諾なしで自由に使えます。この場合でも著作者人格権は放棄できないとされています。

②**著作権は放棄しないが、利用を許諾する。**

著作権は著作者が持っているが、利用は自由にできるという意味です。この場合は利用方法に条件がありませんので自由に利用できます。

③**著作権は放棄しないが、条件に適した利用を許諾する。**

利用には条件があり、その条件に適合した利用ならば許諾を得ないで利用できます。サイト内をよく読んで条件の有無、内容を確認します。条件には、「教育利

用は可」、「著作者名を明示すること」、「利用の際には連絡すること」、「商用の利用は不可」等いろいろあります。

④著作権の保護期間が終了している。

著作権は、著作者の死後70年間又は公表から70年間を過ぎますと著作権が保護されなくなりますので自由に利用できます。著作者が死亡すれば著作者人格権は消滅しますが、著作者が生きていれば望まないであろう形の利用はしてはいけないことになっています(法第60条)。望まないであろう形の利用とは、具体的には恣意的な改変、倫理に反する利用法、作者名の変更等がこれに該当します。

| 著作権フリー |

生徒が理科の学習のまとめとしてレポートを書いています。ホームページから「著作権フリー」と書いてある写真を利用しようとしましたが、紙面のスペースの関係で全部載せることができないので、スペースに合わせて半分に切ってレポートに貼りました。著作者フリーの写真ですが、このような利用のしかたはよいのでしょうか。

写真を半分に切って使うことは、著作者人格権の同一性保持権を侵害するおそれがあります。

著作権フリーの場合でも、著作者人格権まではフリーにはできないとされています。これを明記していない場合もありますが、ホームページの制作者の中には当然、著作者人格権はフリーではないと利用者は理解していると思い込んでいる人もいることもありますので注意が必要です。

このように、著作物を改変したり、一部を削除したりすることは同一性保持権を侵害することになります。まして、写真を半分に切ることは、切られる前の写真と後の写真とでは撮影者の意図とまったく異なってしまうおそれが多分にあります。たとえ、右半分が青空で何も写っていないとしても、写真にその何もない空間を設ける意図に大きな意味を持たせることもあります。

著作者が亡くなると同一性保持権も消滅しますが、著作者が生存しているとしたら著作者人格権の侵害となる行為は許されていません。この事例の場合、写真を半分に切って利用することは、通常は許されないことだと思われます。

｜ホームページの利用｜

ホームページに社会科の学習資料としてぴったりの資料が載っていました。それを利用するために著作権の許諾をお願いしようとしましたが、ホームページに作成者の氏名は書いてあるのですが、連絡先のメールアドレス、電話番号、住所等が載っていないためにできません。どうしたら許諾を得ることができるのでしょうか。

このホームページに掲載されている著作物は、利用しない方がよいでしょう。

　ホームページから資料等をダウンロードしてその資料を使うことは、複製にあたります。通常は許諾が必要ですが、授業の過程で担任の教員や児童生徒が行うことは、法第35条により許諾を得ないで自由に利用できます。この事例では、授業に利用しますので許諾は必要としません。

　授業で利用するための資料は、内容が正確で、できるだけ新しく、著者・作成者の氏名等もわかるものでなければなりません。この資料の内容に責任を負っている著者等がわからないで学習の資料とすることは、避けた方がよいでしょう。

　ホームページの運営者は、内容に責任を持たなければなりません。責任を持っていることを明確にするためには、運営者の氏名・連絡先等も明示します（詳しくは92ページのA47を参照）。もし、明示していなければ、このホームページの内容には責任は持ちません、と宣言しているようなものです。この事例のように運営者の氏名しか書いてない場合には、連絡先もわからず内容に関する質問等もできませんので、学習の資料とすることは避けた方がよいでしょう。

　ホームページには、利用価値のあるもの、貴重なもの、すでに現物が消滅してしまったものなどが載っているため、学習のための資料を容易に入手できます。その反面、著作権を無視して人の著作物を載せてしまう事例も膨大なものになっています。新しい文化の創造を担う学校では、著作権教育がますます重要なものになります。

※1　2005年に知的財産に関する事件を専門的に取り扱うために設置された裁判所
※2　音声と一緒に、文字や画像が表示されるデジタル図書（Digital Accessible Information System）
※3　知的障害や学習障害などで読書に困難のある人のためにわかりやすく書かれた本

1 条 約

万国著作権条約（抄）

1952年9月6日　ジュネーブで作成

1955年9月16日　効　力　発　生

　締約国は，文学的，学術的及び美術的著作物の著作権の保護をすべての国において確保することを希望し，世界のすべての国民にとって適当でありかつ万国条約により表現される著作権保護の制度が，現行の国際制度を害することなくこれに追加されて，個人の権利の尊重を確保し，かつ，文学，学術及び美術の発達を助長するものであることを確信し，このような万国著作権保護制度が，人間精神の所産の普及を一層容易にし，かつ，国際の理解を増進するものであることを了解して，次のとおり協定した。

第1条〔目的〕

　各締約国は，文書，音楽的，演劇的及び映画的著作物，絵画，版画並びに彫刻のような文学的，学術的及び美術的著作物についての著作者及び著作権を有する他の者の権利の十分なかつ有効な保護を確保するため必要なすべての措置を執るものとする。

第3条〔保護の条件〕

1　締約国は，自国の国内法令に基き著作権の保護の条件として納入，登録，表示，公証人による証明，手数料の支払又は自国内における製造若しくは発行のような方式に従うことを要求するときは，この条約に基いて保護を受ける著作物で，自国外で最初に発行され，かつ，その著作者が自国民でないものについて，著作者又は著作権を有する他の者の許諾を得て発行された著作物のすべての複製物にその最初の発行の時から©の記号が著作権を有する者の氏名及び最初の発行の年とともに表示されている限り，これらの要求が満たされたものと認めなければならない。ただし，その記号，氏名及び発行の年は，著作権が留保されていることを表示するのに適当な方法で，かつ，適当な場所に掲げなければならない。（第2項以下略）

（略称）1971年にパリで改正された著作権に関するベルヌ条約（抄）

（沿革）1886年成立

1971年（昭和46年）7月24日　パリで作成

1975年（昭和50年）4月24日　効　力　発　生

第1条〔同盟の形成〕

　この条約が適用される国は，文学的及び美術的著作物に関する著作者の権利の保護のための同盟を形成する。

第5条〔保護の原則〕

⑴　著作者は，この条約によつて保護される著作物に関し，その著作物の本国以外の同盟国において，その国の法令が自国民に現在与えており又は将来与えることがある権利及びこの条約が特に与える権利を享有する。

(2)　(1)の権利の享有及び行使には，いかなる方式の履行をも要しない。その享有及び行使は，著作物の本国における保護の存在にかかわらない。したがつて，保護の範囲及び著作者の権利を保全するため著作者に保障される救済の方法は，この条約の規定によるほか，専ら，保護が要求される同盟国の法令の定めるところによる。((3)以下は略)

盲人，視覚障害者その他の印刷物の判読に障害のある者が発行された著作物を利用する機会を促進するためのマラケシュ条約（抄）

（沿革）平成25年 6 月27日　作成

平成31年 1 月 1 日　効力発生

前文

　締約国は，世界人権宣言及び国際連合の障害者の権利に関する条約において宣明された無差別，機会の均等，施設及びサービス等の利用の容易さ並びに社会への完全かつ効果的な参加及び包容の原則を想起し，視覚障害者その他の印刷物の判読に障害のある者の完全な発達を害している諸課題に留意し，また，その諸課題により，これらの者が，他の者との平等を基礎としてあらゆる種類の情報及び考えを求め，受け，及び伝える自由を含む表現の自由（自ら選択するあらゆる形態の意思疎通によるものを含む。），教育を受ける権利の享受並びに研究を実施する機会について制限されていることに留意し，（中間略）国際的な著作権制度の重要性を認め，また，視覚障害者その他の印刷物の判読に障害のある者が著作物を利用する機会を促進し，及びこれらの者による著作物の利用を容易にするために制限及び例外について調和を図ることを希望して，次のとおり協定した。

第三条　受益者

受益者は，他の障害の有無を問わず，次のいずれかに該当する者である。

(a)　盲人である者

(b)　視覚障害又は知覚若しくは読字に関する障害のある者であって，そのような障害のない者の視覚的な機能と実質的に同等の視覚的な機能を与えるように当該障害を改善することができないため，印刷された著作物を障害のない者と実質的に同程度に読むことができないもの

(c)　(a) 及び (b) に掲げる者のほか，身体的な障害により，書籍を持つこと若しくは取り扱うことができず，又は読むために通常受入れ可能な程度に目の焦点を合わせること若しくは目を動かすことができない者

第四条　利用しやすい様式の複製物に関する国内法令上の制限及び例外

(a)　締約国は，受益者のために著作物を利用しやすい様式の複製物の形態で利用可能とすることを促進するため，自国の著作権法において，著作権に関する世界知的所有権機関条約に定める複製権，譲渡権及び公衆の使用が可能となるような状態に置く権利の制限又は例外について定める。国内法令に定める制限又は例外については，著作物を代替的な様式で利用しやすいものとするために必要な変更を認めるものとすべきである。

第五条　利用しやすい様式の複製物の国境を越える交換

1　締約国は，利用しやすい様式の複製物が制限若しくは例外に基づいて又は法令の実施に

よって作成される場合には，権限を与えられた機関が，当該利用しやすい様式の複製物を他の締約国の受益者若しくは権限を与えられた機関に譲渡し，又は他の締約国の受益者若しくは権限を与えられた機関の利用が可能となるような状態に置くことができることを定める。

第九条　国境を越える交換を促進するための協力

1　締約国は，権限を与えられた機関が相互に特定することを支援するための情報の自発的な共有を奨励することにより，利用しやすい様式の複製物の国境を越える交換を促進するよう努める。世界知的所有権機関国際事務局は，このため，情報の入手先を設ける。

2 法　令

著作権法（抄）

（沿革）昭和四十五年五月六日法律第四十八号制定
令和五年五月二十六日最終改正

（目的）

第一条　この法律は，著作物並びに実演，レコード，放送及び有線放送に関し著作者の権利及びこれに隣接する権利を定め，これらの文化的所産の公正な利用に留意しつつ，著作者等の権利の保護を図り，もつて文化の発展に寄与することを目的とする。

（定義）

第二条　この法律において，次の各号に掲げる用語の意義は，当該各号に定めるところによる。

一　著作物　思想又は感情を創作的に表現したものであつて，文芸，学術，美術又は音楽の範囲に属するものをいう。

二　著作者　著作物を創作する者をいう。

三　実演　著作物を，演劇的に演じ，舞い，演奏し，歌い，口演し，朗詠し，又はその他の方法により演ずること（これらに類する行為で，著作物を演じないが芸能的な性質を有するものを含む。）をいう。

四　実演家　俳優，舞踊家，演奏家，歌手その他実演を行う者及び実演を指揮し，又は演出する者をいう。

五　レコード　蓄音機用音盤，録音テープその他の物に音を固定したもの（音を専ら影像とともに再生することを目的とするものを除く。）をいう。

六　レコード製作者　レコードに固定されている音を最初に固定した者をいう。

七　商業用レコード　市販の目的をもつて製作されるレコードの複製物をいう。

七の二　公衆送信　公衆によつて直接受信されることを目的として無線通信又は有線電気通信の送信（電気通信設備で，その一の部分の設置の場所が他の部分の設置の場所と同一の構内（その構内が二以上の者の占有に属している場合には，同一の者の占有に属す

る区域内）にあるものによる送信（プログラムの著作物の送信を除く。）を除く。）を行うことをいう。

八　放送　公衆送信のうち，公衆によつて同一の内容の送信が同時に受信されることを目的として行う無線通信の送信をいう。

九　放送事業者　放送を業として行う者をいう。

九の二　有線放送　公衆送信のうち，公衆によつて同一の内容の送信が同時に受信されることを目的として行う有線電気通信の送信をいう。

九の三　有線放送事業者　有線放送を業として行う者をいう。

九の四　自動公衆送信　公衆送信のうち，公衆からの求めに応じ自動的に行うもの（放送又は有線放送に該当するものを除く。）をいう。

九の五　送信可能化　次のいずれかに掲げる行為により自動公衆送信し得るようにすることをいう。

　　イ　公衆の用に供されている電気通信回線に接続している自動公衆送信装置（公衆の用に供する電気通信回線に接続することにより，その記録媒体のうち自動公衆送信の用に供する部分（以下この号において「公衆送信用記録媒体」という。）に記録され，又は当該装置に入力される情報を自動公衆送信する機能を有する装置をいう。以下同じ。）の公衆送信用記録媒体に情報を記録し，情報が記録された記録媒体を当該自動公衆送信装置の公衆送信用記録媒体として加え，若しくは情報が記録された記録媒体を当該自動公衆送信装置の公衆送信用記録媒体に変換し，又は当該自動公衆送信装置に情報を入力すること。

　　ロ　その公衆送信用記録媒体に情報が記録され，又は当該自動公衆送信装置に情報が入力されている自動公衆送信装置について，公衆の用に供されている電気通信回線への接続（配線，自動公衆送信装置の始動，送受信用プログラムの起動その他の一連の行為により行われる場合には，当該一連の行為のうち最後のものをいう。）を行うこと。

十　映画製作者　映画の著作物の製作に発意と責任を有する者をいう。

十の二　プログラム　電子計算機を機能させて一の結果を得ることができるようにこれに対する指令を組み合わせたものとして表現したものをいう。

十の三　データベース　論文，数値，図形その他の情報の集合物であつて，それらの情報を電子計算機を用いて検索することができるように体系的に構成したものをいう。

十一　二次的著作物　著作物を翻訳し，編曲し，若しくは変形し，又は脚色し，映画化し，その他翻案することにより創作した著作物をいう。

十二　共同著作物　二人以上の者が共同して創作した著作物であつて，その各人の寄与を分離して個別的に利用することができないものをいう。

十三　録音　音を物に固定し，又はその固定物を増製することをいう。

十四　録画　影像を連続して物に固定し，又はその固定物を増製することをいう。

十五　複製　印刷，写真，複写，録音，録画その他の方法により有形的に再製することをいい，次に掲げるものについては，それぞれ次に掲げる行為を含むものとする。

　　イ　脚本その他これに類する演劇用の著作物　当該著作物の上演，放送又は有線放送を

録音し，又は録画すること。

ロ　建築の著作物　建築に関する図面に従つて建築物を完成すること。

十六　上演　演奏(歌唱を含む。以下同じ。)以外の方法により著作物を演ずることをいう。

十七　上映　著作物（公衆送信されるものを除く。）を映写幕その他の物に映写することをいい，これに伴つて映画の著作物において固定されている音を再生することを含むものとする。

十八　口述　朗読その他の方法により著作物を口頭で伝達すること（実演に該当するものを除く。）をいう。

十九　頒布　有償であるか又は無償であるかを問わず，複製物を公衆に譲渡し，又は貸与することをいい，映画の著作物又は映画の著作物において複製されている著作物にあつては，これらの著作物を公衆に提示することを目的として当該映画の著作物の複製物を譲渡し，又は貸与することを含むものとする。

2　この法律にいう「美術の著作物」には，美術工芸品を含むものとする。

3　この法律にいう「映画の著作物」には，映画の効果に類似する視覚的又は視聴覚的効果を生じさせる方法で表現され，かつ，物に固定されている著作物を含むものとする。

4　この法律にいう「写真の著作物」には，写真の製作方法に類似する方法を用いて表現される著作物を含むものとする。

5　この法律にいう「公衆」には，特定かつ多数の者を含むものとする。

6　この法律にいう「法人」には，法人格を有しない社団又は財団で代表者又は管理人の定めがあるものを含むものとする。

7　この法律において，「上演」，「演奏」又は「口述」には，著作物の上演，演奏又は口述で録音され，又は録画されたものを再生すること（公衆送信又は上映に該当するものを除く。）及び著作物の上演，演奏又は口述を電気通信設備を用いて伝達すること（公衆送信に該当するものを除く。）を含むものとする。

8　この法律にいう「貸与」には，いずれの名義又は方法をもつてするかを問わず，これと同様の使用の権原を取得させる行為を含むものとする。

（著作物の例示）

第十条　この法律にいう著作物を例示すると，おおむね次のとおりである。

一　小説，脚本，論文，講演その他の言語の著作物

二　音楽の著作物

三　舞踊又は無言劇の著作物

四　絵画，版画，彫刻その他の美術の著作物

五　建築の著作物

六　地図又は学術的な性質を有する図面，図表，模型その他の図形の著作物

七　映画の著作物

八　写真の著作物

九　プログラムの著作物

2　事実の伝達にすぎない雑報及び時事の報道は，前項第一号に掲げる著作物に該当しない。

（編集著作物）

第十二条　編集物（データベースに該当するものを除く。以下同じ。）でその素材の選択又は配列によつて創作性を有するものは，著作物として保護する。

2　前項の規定は，同項の編集物の部分を構成する著作物の著作者の権利に影響を及ぼさない。

（データベースの著作物）

第十二条の二　データベースでその情報の選択又は体系的な構成によつて創作性を有するものは，著作物として保護する。

2　前項の規定は，同項のデータベースの部分を構成する著作物の著作者の権利に影響を及ぼさない。

（権利の目的とならない著作物）

第十三条　次の各号のいずれかに該当する著作物は，この章の規定による権利の目的となることができない。

一　憲法その他の法令

二　国若しくは地方公共団体の機関，独立行政法人（独立行政法人通則法（平成十一年法律第百三号）第二条第一項に規定する独立行政法人をいう。以下同じ。）又は地方独立行政法人（地方独立行政法人法（平成十五年法律第百十八号）第二条第一項に規定する地方独立行政法人をいう。以下同じ。）が発する告示，訓令，通達その他これらに類するもの

三　裁判所の判決，決定，命令及び審判並びに行政庁の裁決及び決定で裁判に準ずる手続により行われるもの

四　前三号に掲げるものの翻訳物及び編集物で，国若しくは地方公共団体の機関，独立行政法人又は地方独立行政法人が作成するもの

（職務上作成する著作物の著作者）

第十五条　法人その他使用者（以下この条において「法人等」という。）の発意に基づきその法人等の業務に従事する者が職務上作成する著作物（プログラムの著作物を除く。）で，その法人等が自己の著作の名義の下に公表するものの著作者は，その作成の時における契約，勤務規則その他に別段の定めがない限り，その法人等とする。

2　法人等の発意に基づきその法人等の業務に従事する者が職務上作成するプログラムの著作物の著作者は，その作成の時における契約，勤務規則その他に別段の定めがない限り，その法人等とする。

（公表権）

第十八条　著作者は，その著作物でまだ公表されていないもの（その同意を得ないで公表された著作物を含む。以下この条において同じ。）を公衆に提供し，又は提示する権利を有する。当該著作物を原著作物とする二次的著作物についても，同様とする。

（氏名表示権）

第十九条　著作者は，その著作物の原作品に，又はその著作物の公衆への提供若しくは提示に際し，その実名若しくは変名を著作者名として表示し，又は著作者名を表示しないこと

とする権利を有する。その著作物を原著作物とする二次的著作物の公衆への提供又は提示に際しての原著作物の著作者名の表示についても，同様とする。

（同一性保持権）

第二十条　著作者は，その著作物及びその題号の同一性を保持する権利を有し，その意に反してこれらの変更，切除その他の改変を受けないものとする。

（複製権）

第二十一条　著作者は，その著作物を複製する権利を専有する。

（上演権及び演奏権）

第二十二条　著作者は，その著作物を，公衆に直接見せ又は聞かせることを目的として（以下「公に」という。）上演し，又は演奏する権利を専有する。

（上映権）

第二十二条の二　著作者は，その著作物を公に上映する権利を専有する。

（公衆送信権等）

第二十三条　著作者は，その著作物について，公衆送信（自動公衆送信の場合にあつては，送信可能化を含む。）を行う権利を専有する。

2　著作者は，公衆送信されるその著作物を受信装置を用いて公に伝達する権利を専有する。

（口述権）

第二十四条　著作者は，その言語の著作物を公に口述する権利を専有する。

（展示権）

第二十五条　著作者は，その美術の著作物又はまだ発行されていない写真の著作物をこれらの原作品により公に展示する権利を専有する。

（頒布権）

第二十六条　著作者は，その映画の著作物をその複製物により頒布する権利を専有する。

2　著作者は，映画の著作物において複製されているその著作物を当該映画の著作物の複製物により頒布する権利を専有する。

（譲渡権）

第二十六条の二　著作者は，その著作物（映画の著作物を除く。以下この条において同じ。）をその原作品又は複製物（映画の著作物において複製されている著作物にあつては，当該映画の著作物の複製物を除く。以下この条において同じ。）の譲渡により公衆に提供する権利を専有する。

（貸与権）

第二十六条の三　著作者は，その著作物（映画の著作物を除く。）をその複製物（映画の著作物において複製されている著作物にあつては，当該映画の著作物の複製物を除く。）の貸与により公衆に提供する権利を専有する。

（翻訳権，翻案権等）

第二十七条　著作者は，その著作物を翻訳し，編曲し，若しくは変形し，又は脚色し，映画化し，その他翻案する権利を専有する。

（二次的著作物の利用に関する原著作者の権利）

第二十八条　二次的著作物の原著作物の著作者は，当該二次的著作物の利用に関し，この款に規定する権利で当該二次的著作物の著作者が有するものと同一の種類の権利を専有する。

（私的使用のための複製）

第三十条　著作権の目的となつている著作物（以下この款において単に「著作物」という。）は，個人的に又は家庭内その他これに準ずる限られた範囲内において使用すること（以下「私的使用」という。）を目的とするときは，次に掲げる場合を除き，その使用する者が複製することができる。

（付随対象著作物の利用）

第三十条の二　写真の撮影，録音，録画，放送その他これらと同様に事物の影像又は音を複製し，又は複製を伴うことなく伝達する行為（以下この項において「複製伝達行為」という。）を行うに当たつて，その対象とする事物又は音（以下この項において「複製伝達対象事物等」という。）に付随して対象となる事物又は音（複製伝達対象事物等の一部を構成するものとして対象となる事物又は音を含む。以下この項において「付随対象事物等」という。）に係る著作物（当該複製伝達行為により作成され，又は伝達されるもの（以下この条において「作成伝達物」という。）のうち当該著作物の占める割合，当該作成伝達物における当該著作物の再製の精度その他の要素に照らし当該作成伝達物において当該著作物が軽微な構成部分となる場合における当該著作物に限る。以下この条において「付随対象著作物」という。）は，当該付随対象著作物の利用により利益を得る目的の有無，当該付随対象事物等の当該複製伝達対象事物等からの分離の困難性の程度，当該作成伝達物において当該付随対象著作物が果たす役割その他の要素に照らし正当な範囲内において，当該複製伝達行為に伴つて，いずれの方法によるかを問わず，利用することができる。ただし，当該付随対象著作物の種類及び用途並びに当該利用の態様に照らし著作権者の利益を不当に害することとなる場合は，この限りでない。　　　　　　　　　　　（第2項は略）

（著作物に表現された思想又は感情の享受を目的としない利用）

第三十条の四　著作物は，次に掲げる場合その他の当該著作物に表現された思想又は感情を自ら享受し又は他人に享受させることを目的としない場合には，その必要と認められる限度において，いずれの方法によるかを問わず，利用することができる。ただし，当該著作物の種類及び用途並びに当該利用の態様に照らし著作権者の利益を不当に害することとなる場合は，この限りでない。　　　　　　　　　　　　　　　　　　（以下の各号は略）

（図書館等における複製等）

第三十一条　国立国会図書館及び図書，記録その他の資料を公衆の利用に供することを目的とする図書館その他の施設で政令で定めるもの（以下この項及び第三項において「図書館等」という。）においては，次に掲げる場合には，その営利を目的としない事業として，図書館等の図書，記録その他の資料（以下この条において「図書館資料」という。）を用いて著作物を複製することができる。

　一　図書館等の利用者の求めに応じ，その調査研究の用に供するために，公表された著作物の一部分（発行後相当期間を経過した定期刊行物に掲載された個々の著作物にあつては，その全部。第三項において同じ。）の複製物を一人につき一部提供する場合

　二　図書館資料の保存のため必要がある場合

　三　他の図書館等の求めに応じ，絶版その他これに準ずる理由により一般に入手すること
　　が困難な図書館資料（以下この条において「絶版等資料」という。）の複製物を提供す
　　る場合

（引用）

第三十二条　公表された著作物は，引用して利用することができる。この場合において，そ
　の引用は，公正な慣行に合致するものであり，かつ，報道，批評，研究その他の引用の目
　的上正当な範囲内で行なわれるものでなければならない。

2　国若しくは地方公共団体の機関，独立行政法人又は地方独立行政法人が一般に周知させ
　ることを目的として作成し，その著作の名義の下に公表する広報資料，調査統計資料，報
　告書その他これらに類する著作物は，説明の材料として新聞紙，雑誌その他の刊行物に転
　載することができる。ただし，これを禁止する旨の表示がある場合は，この限りでない。

（学校その他の教育機関における複製等）

第三十五条　学校その他の教育機関（営利を目的として設置されているものを除く。）にお
　いて教育を担任する者及び授業を受ける者は，その授業の過程における利用に供すること
　を目的とする場合には,その必要と認められる限度において,公表された著作物を複製し，
　若しくは公衆送信（自動公衆送信の場合にあつては，送信可能化を含む。以下この条にお
　いて同じ。）を行い，又は公表された著作物であつて公衆送信されるものを受信装置を用
　いて公に伝達することができる。ただし，当該著作物の種類及び用途並びに当該複製の部
　数及び当該複製，公衆送信又は伝達の態様に照らし著作権者の利益を不当に害することと
　なる場合は，この限りでない。

2　前項の規定により公衆送信を行う場合には，同項の教育機関を設置する者は，相当な額
　の補償金を著作権者に支払わなければならない。

3　前項の規定は，公表された著作物について，第一項の教育機関における授業の過程にお
　いて，当該授業を直接受ける者に対して当該著作物をその原作品若しくは複製物を提供し，
　若しくは提示して利用する場合又は当該著作物を第三十八条第一項の規定により上演し，
　演奏し，上映し，若しくは口述して利用する場合において，当該授業が行われる場所以外
　の場所において当該授業を同時に受ける者に対して公衆送信を行うときには,適用しない。

（視覚障害者等のための複製等）

第三十七条　公表された著作物は，点字により複製することができる。

2　公表された著作物については，電子計算機を用いて点字を処理する方式により，記録媒
　体に記録し，又は公衆送信（放送又は有線放送を除き，自動公衆送信の場合にあつては送
　信可能化を含む。次項において同じ。）を行うことができる。

3　視覚障害その他の障害により視覚による表現の認識が困難な者（以下この項及び第百二
　条第四項において「視覚障害者等」という。）の福祉に関する事業を行う者で政令で定め
　るものは，公表された著作物であつて，視覚によりその表現が認識される方式（視覚及び
　他の知覚により認識される方式を含む。）により公衆に提供され，又は提示されているも
　の（当該著作物以外の著作物で，当該著作物において複製されているものその他当該著作

物と一体として公衆に提供され，又は提示されているものを含む。以下この項及び同条第四項において「視覚著作物」という。）について，専ら視覚障害者等で当該方式によっては当該視覚著作物を利用することが困難な者の用に供するために必要と認められる限度において，当該視覚著作物に係る文字を音声にすることその他当該視覚障害者等が利用するために必要な方式により，複製し，又は公衆送信を行うことができる。ただし，当該視覚著作物について，著作権者又はその許諾を得た者若しくは第七十九条の出版権の設定を受けた者若しくはその複製許諾若しくは公衆送信許諾を得た者により，当該方式による公衆への提供又は提示が行われている場合は，この限りでない。

（聴覚障害者等のための複製等）

第三十七条の二　聴覚障害者その他聴覚による表現の認識に障害のある者（以下この条及び次条第五項において「聴覚障害者等」という。）の福祉に関する事業を行う者で次の各号に掲げる利用の区分に応じて政令で定めるものは，公表された著作物であつて，聴覚によりその表現が認識される方式（聴覚及び他の知覚により認識される方式を含む。）により公衆に提供され，又は提示されているもの（当該著作物以外の著作物で，当該著作物において複製されているものその他当該著作物と一体として公衆に提供され，又は提示されているものを含む。以下この条において「聴覚著作物」という。）について，専ら聴覚障害者等で当該方式によっては当該聴覚著作物を利用することが困難な者の用に供するために必要と認められる限度において，それぞれ当該各号に掲げる利用を行うことができる。ただし，当該聴覚著作物について，著作権者又はその許諾を得た者若しくは第七十九条の出版権の設定を受けた者若しくはその複製許諾若しくは公衆送信許諾を得た者により，当該聴覚障害者等が利用するために必要な方式による公衆への提供又は提示が行われている場合は，この限りでない。

一　当該聴覚著作物に係る音声について，これを文字にすることその他当該聴覚障害者等が利用するために必要な方式により，複製し，又は自動公衆送信（送信可能化を含む。）を行うこと。

二　専ら当該聴覚障害者等向けの貸出しの用に供するため，複製すること（当該聴覚著作物に係る音声を文字にすることその他当該聴覚障害者等が利用するために必要な方式による当該音声の複製と併せて行うものに限る。）。

（営利を目的としない上演等）

第三十八条　公表された著作物は，営利を目的とせず，かつ，聴衆又は観衆から料金（いずれの名義をもつてするかを問わず，著作物の提供又は提示につき受ける対価をいう。以下この条において同じ。）を受けない場合には，公に上演し，演奏し，上映し，又は口述することができる。ただし，当該上演，演奏，上映又は口述について実演家又は口述を行う者に対し報酬が支払われる場合は，この限りでない。

（美術の著作物等の譲渡等の申出に伴う複製等）

第四十七条の二　美術の著作物又は写真の著作物の原作品又は複製物の所有者その他のこれらの譲渡又は貸与の権原を有する者が，第二十六条の二第一項又は第二十六条の三に規定する権利を害することなく，その原作品又は複製物を譲渡し，又は貸与しようとする場合

には，当該権原を有する者又はその委託を受けた者は，その申出の用に供するため，これらの著作物について，複製又は公衆送信（自動公衆送信の場合にあつては，送信可能化を含む。）（当該複製により作成される複製物を用いて行うこれらの著作物の複製又は当該公衆送信を受信して行うこれらの著作物の複製を防止し，又は抑止するための措置その他の著作権者の利益を不当に害しないための措置として政令で定める措置を講じて行うものに限る。）を行うことができる。

（翻訳，翻案等による利用）

第四十七条の六　次の各号に掲げる規定により著作物を利用することができる場合には，当該著作物について，当該規定の例により当該各号に定める方法による利用を行うことができる。

　　一　第三十条第一項，第三十三条第一項（同条第四項において準用する場合を含む。），第三十四条第一項，第三十五条第一項又は前条第二項　翻訳，編曲，変形又は翻案

　　二　第三十条の二第一項又は第四十七条の三第一項　翻案

　　三　第三十一条第一項第一号若しくは第三項後段，第三十二条，第三十六条第一項，第三十七条第一項若しくは第二項，第三十九条第一項，第四十条第二項，第四十一条又は第四十二条　翻訳

　　四　第三十三条の二第一項，第三十三条の三第一項又は第四十七条　変形又は翻案

　　五　第三十七条第三項　翻訳，変形又は翻案

　　六　第三十七条の二　翻訳又は翻案

（出所の明示）

第四十八条　次の各号に掲げる場合には，当該各号に規定する著作物の出所を，その複製又は利用の態様に応じ合理的と認められる方法及び程度により，明示しなければならない。

　　一　第三十二条，第三十三条第一項（同条第四項において準用する場合を含む。），第三十三条の二第一項，第三十三条の三第一項，第三十七条第一項，第四十二条又は第四十七条第一項の規定により著作物を複製する場合

　　二　第三十四条第一項，第三十七条第三項，第三十七条の二，第三十九条第一項，第四十条第一項若しくは第二項，第四十七条第二項若しくは第三項又は第四十七条の二の規定により著作物を利用する場合

　　三　第三十二条の規定により著作物を複製以外の方法により利用する場合又は第三十五条，第三十六条第一項，第三十八条第一項，第四十一条，第四十六条若しくは第四十七条の五第一項の規定により著作物を利用する場合において，その出所を明示する慣行があるとき。

２　前項の出所の明示に当たつては，これに伴い著作者名が明らかになる場合及び当該著作物が無名のものである場合を除き，当該著作物につき表示されている著作者名を示さなければならない。

３　次の各号に掲げる場合には，前二項の規定の例により，当該各号に規定する二次的著作物の原著作物の出所を明示しなければならない。

　　一　第四十条第一項，第四十六条又は第四十七条の五第一項の規定により創作された二次

　　的著作物をこれらの規定により利用する場合

　二　第四十七条の六第一項の規定により創作された二次的著作物を同条第二項の規定の適
　　用を受けて同条第一項各号に掲げる規定により利用する場合

（保護期間の原則）

第五十一条　著作権の存続期間は，著作物の創作の時に始まる。

2　著作権は，この節に別段の定めがある場合を除き，著作者の死後（共同著作物にあつて
　は，最終に死亡した著作者の死後。次条第一項において同じ。）七十年を経過するまでの間，
　存続する。

（保護期間の計算方法）

第五十七条　第五十一条第二項，第五十二条第一項，第五十三条第一項又は第五十四条第一
　項の場合において，著作者の死後七十年又は著作物の公表後七十年若しくは創作後七十年
　の期間の終期を計算するときは，著作者が死亡した日又は著作物が公表され若しくは創作
　された日のそれぞれ属する年の翌年から起算する。

（著作者人格権の一身専属性）

第五十九条　著作者人格権は，著作者の一身に専属し，譲渡することができない。

（著作者が存しなくなつた後における人格的利益の保護）

第六十条　著作物を公衆に提供し，又は提示する者は，その著作物の著作者が存しなくなつ
　た後においても，著作者が存しているとしたならばその著作者人格権の侵害となるべき行
　為をしてはならない。ただし，その行為の性質及び程度，社会的事情の変動その他により
　その行為が当該著作者の意を害しないと認められる場合は，この限りでない。

（著作物の利用の許諾）

第六十三条　著作権者は，他人に対し，その著作物の利用を許諾することができる。

2　前項の許諾を得た者は，その許諾に係る利用方法及び条件の範囲内において，その許諾
　に係る著作物を利用することができる。

3　第一項の許諾に係る著作物を利用する権利は，著作権者の承諾を得ない限り，譲渡する
　ことができない。

（出版権の設定）

第七十九条　第二十一条又は第二十三条第一項に規定する権利を有する者（以下この章にお
　いて「複製権等保有者」という。）は，その著作物について，文書若しくは図画として出
　版すること（電子計算機を用いてその映像面に文書又は図画として表示されるようにする
　方式により記録媒体に記録し，当該記録媒体に記録された当該著作物の複製物により頒布
　することを含む。次条第二項及び第八十一条第一号において「出版行為」という。）又は
　当該方式により記録媒体に記録された当該著作物の複製物を用いて公衆送信（放送又は有
　線放送を除き，自動公衆送信の場合にあつては送信可能化を含む。以下この章において同
　じ。）を行うこと（次条第二項及び第八十一条第二号において「公衆送信行為」という。）
　を引き受ける者に対し，出版権を設定することができる。

2　複製権等保有者は，その複製権又は公衆送信権を目的とする質権が設定されているとき
　は，当該質権を有する者の承諾を得た場合に限り，出版権を設定することができるものと

する。

（出版権の内容）

第八十条　出版権者は，設定行為で定めるところにより，その出版権の目的である著作物について，次に掲げる権利の全部又は一部を専有する。

　一　頒布の目的をもつて，原作のまま印刷その他の機械的又は化学的方法により文書又は図画として複製する権利（原作のまま前条第一項に規定する方式により記録媒体に記録された電磁的記録として複製する権利を含む。）

　二　原作のまま前条第一項に規定する方式により記録媒体に記録された当該著作物の複製物を用いて公衆送信を行う権利

（出版の義務）

第八十一条　出版権者は，次の各号に掲げる区分に応じ，その出版権の目的である著作物につき当該各号に定める義務を負う。ただし，設定行為に別段の定めがある場合は，この限りでない。

　一　前条第一項第一号に掲げる権利に係る出版権者（次条において「第一号出版権者」という。）次に掲げる義務

　　イ　複製権等保有者からその著作物を複製するために必要な原稿その他の原品若しくはこれに相当する物の引渡し又はその著作物に係る電磁的記録の提供を受けた日から六月以内に当該著作物について出版行為を行う義務

　　ロ　当該著作物について慣行に従い継続して出版行為を行う義務

（著作隣接権）

第八十九条　実演家は，第九十条の二第一項及び第九十条の三第一項に規定する権利（以下「実演家人格権」という。）並びに第九十一条第一項，第九十二条第一項，第九十二条の二第一項，第九十五条の二第一項及び第九十五条の三第一項に規定する権利並びに第九十四条の二及び第九十五条の三第三項に規定する報酬並びに第九十五条第一項に規定する二次使用料を受ける権利を享有する。

2　レコード製作者は，第九十六条，第九十六条の二，第九十七条の二第一項及び第九十七条の三第一項に規定する権利並びに第九十七条第一項に規定する二次使用料及び第九十七条の三第三項に規定する報酬を受ける権利を享有する。

3　放送事業者は，第九十八条から第百条までに規定する権利を享有する。

4　有線放送事業者は，第百条の二から第百条の五までに規定する権利を享有する。

5　前各項の権利の享有には，いかなる方式の履行をも要しない。

6　第一項から第四項までの権利（実演家人格権並びに第一項及び第二項の報酬及び二次使用料を受ける権利を除く。）は，著作隣接権という。

第百十九条　著作権，出版権又は著作隣接権を侵害した者（第三十条第一項（第百二条第一項において準用する場合を含む。第三項において同じ。）に定める私的使用の目的をもつて自ら著作物若しくは実演等の複製を行つた者，第百十三条第三項の規定により著作権，出版権若しくは著作隣接権を侵害する行為とみなされる行為を行つた者，同条第四項の規定により著作権若しくは著作隣接権（同条第五項の規定により著作隣接権とみなされる権

利を含む。第百二十条の二第三号において同じ。）を侵害する行為とみなされる行為を行つた者，第百十三条第六項の規定により著作権若しくは著作隣接権を侵害する行為とみなされる行為を行つた者又は次項第三号若しくは第四号に掲げる者を除く。）は，十年以下の懲役若しくは千万円以下の罰金に処し，又はこれを併科する。

第百二十二条　第四十八条又は第百二条第二項の規定に違反した者は，五十万円以下の罰金に処する。

特許法（抄）

（沿革）昭和三十四年四月十三日法律第百二十一号制定

令和五年六月十四日最終改正

（目的）

第一条　この法律は、発明の保護及び利用を図ることにより、発明を奨励し、もつて産業の発達に寄与することを目的とする。

（定義）

第二条　この法律で「発明」とは、自然法則を利用した技術的思想の創作のうち高度のものをいう。

（特許の要件）

第二十九条　産業上利用することができる発明をした者は、次に掲げる発明を除き、その発明について特許を受けることができる。

2　特許出願前にその発明の属する技術の分野における通常の知識を有する者が前項各号に掲げる発明に基いて容易に発明をすることができたときは、その発明については、同項の規定にかかわらず、特許を受けることができない。

（先願）

第三十九条　同一の発明について異なつた日に二以上の特許出願があつたときは、最先の特許出願人のみがその発明について特許を受けることができる。

実用新案法（抄）

（沿革）昭和三十四年四月十三日法律第百二十三号制定

令和五年六月十四日最終改正

（目的）

第一条　この法律は、物品の形状、構造又は組合せに係る考案の保護及び利用を図ることにより、その考案を奨励し、もつて産業の発達に寄与することを目的とする。

（定義）

第二条　この法律で「考案」とは、自然法則を利用した技術的思想の創作をいう。

（実用新案登録の要件）

第三条　産業上利用することができる考案であつて物品の形状、構造又は組合せに係るものをした者は、次に掲げる考案を除き、その考案について実用新案登録を受けることができる。

　一　実用新案登録出願前に日本国内又は外国において公然知られた考案

　二　実用新案登録出願前に日本国内又は外国において公然実施をされた考案

　三　実用新案登録出願前に日本国内又は外国において、頒布された刊行物に記載された考案又は電気通信回線を通じて公衆に利用可能となつた考案

2　実用新案登録出願前にその考案の属する技術の分野における通常の知識を有する者が前項各号に掲げる考案に基いてきわめて容易に考案をすることができたときは、その考案については、同項の規定にかかわらず、実用新案登録を受けることができない。

意匠法（抄）

（沿革）昭和三十四年四月十三日法律第百二十五号制定

令和五年六月十四日最終改正

（目的）

第一条　この法律は、意匠の保護及び利用を図ることにより、意匠の創作を奨励し、もつて産業の発達に寄与することを目的とする。

（定義等）

第二条　この法律で「意匠」とは、物品（物品の部分を含む。第八条を除き、以下同じ。）の形状、模様若しくは色彩又はこれらの結合であつて、視覚を通じて美感を起こさせるものをいう。

（意匠登録の要件）

第三条　工業上利用することができる意匠の創作をした者は、次に掲げる意匠を除き、その意匠について意匠登録を受けることができる。

　一　意匠登録出願前に日本国内又は外国において公然知られた意匠

　二　意匠登録出願前に日本国内又は外国において、頒布された刊行物に記載された意匠又は電気通信回線を通じて公衆に利用可能となつた意匠

　三　前二号に掲げる意匠に類似する意匠

2　意匠登録出願前にその意匠の属する分野における通常の知識を有する者が日本国内又は外国において公然知られた形状、模様若しくは色彩又はこれらの結合に基づいて容易に意匠の創作をすることができたときは、その意匠（前項各号に掲げるものを除く。）については、前項の規定にかかわらず、意匠登録を受けることができない。

商標法（抄）

（沿革）昭和三十四年四月十三日法律第百二十七号制定

令和五年六月十四日最終改正

（目的）

第一条　この法律は、商標を保護することにより、商標の使用をする者の業務上の信用の維持を図り、もつて産業の発達に寄与し、あわせて需要者の利益を保護することを目的とする。

（定義等）

第二条　この法律で「商標」とは、人の知覚によつて認識することができるもののうち、文字、図形、記号、立体的形状若しくは色彩又はこれらの結合、音その他政令で定めるもの（以下「標章」という。）であつて、次に掲げるものをいう。

　一　業として商品を生産し、証明し、又は譲渡する者がその商品について使用をするもの

　二　業として役務を提供し、又は証明する者がその役務について使用をするもの（前号に掲げるものを除く。）

（商標登録の要件）

第三条　自己の業務に係る商品又は役務について使用をする商標については、次に掲げる商標を除き、商標登録を受けることができる。

　一　その商品又は役務の普通名称を普通に用いられる方法で表示する標章のみからなる商標

　二　その商品又は役務について慣用されている商標

　三　その商品の産地、販売地、品質、原材料、効能、用途、形状（包装の形状を含む。第二十六条第一項第二号及び第三号において同じ。）、生産若しくは使用の方法若しくは時期その他の特徴、数量若しくは価格又はその役務の提供の場所、質、提供の用に供する物、効能、用途、態様、提供の方法若しくは時期その他の特徴、数量若しくは価格を普通に用いられる方法で表示する標章のみからなる商標

　四　ありふれた氏又は名称を普通に用いられる方法で表示する標章のみからなる商標

　五　極めて簡単で、かつ、ありふれた標章のみからなる商標

　六　前各号に掲げるもののほか、需要者が何人かの業務に係る商品又は役務であることを認識することができない商標

2　前項第三号から第五号までに該当する商標であつても、使用をされた結果需要者が何人かの業務に係る商品又は役務であることを認識することができるものについては、同項の規定にかかわらず、商標登録を受けることができる。

③ 審議会答申等

幼稚園、小学校、中学校、高等学校及び特別支援学校の学習指導要領等の改善について（答申）（抄）

平成20年1月17日
中央教育審議会

7．教育内容に関する主な改善事項

(7) 社会の変化への対応の観点から教科等を横断して改善すべき事項

（情報教育）

○　急速に進展する社会の情報化により、ICTを活用して誰でも膨大な情報を収集することが可能となるとともに、様々な情報の編集や表現、発信などが容易にできるようになった。

学校においては、ICTは調べ学習や発表など多様な学習のための重要な手段の一つとして活用されている。学習のためにICTを効果的に活用することの重要性を理解させるとともに、情報教育が目指している情報活用能力をはぐくむことは、基礎的・基本的な知識・技能の確実な定着とともに、発表、記録、要約、報告といった知識・技能を活用して行う言語活動の基盤となるものである。

○　他方、こうした情報化の光の部分のほか、情報化の影の部分も子どもたちに大きな影響を与えている。インターネット上の「掲示板」への書き込みによる誹謗中傷やいじめ、個人情報の流出やプライバシーの侵害、インターネット犯罪や有害情報、ウィルス被害に巻き込まれるなど様々な問題が挙げられる。これらの問題への対応については、家庭の果たすべき役割も大きく、学校では家庭と連携しながら、情報モラルの育成、情報安全等に関する知識の習得などについて指導することが重要である。

○　このような観点から、情報教育について、その課題も踏まえた上で、子どもたちの発達の段階に応じた改善を図る必要がある。特に、小学校の低学年段階からこれらを確実に身に付けさせるため、情報モラル等を中心に、文部科学省が情報教育に関する指導の手引きや指導資料を作成することも考えられる。

・　小学校段階では、各教科等において、コンピュータや情報通信ネットワークなどの積極的な活用を通じて、その基本的な操作の習得や、情報モラル等にかかわる指導の充実を図る。

　　特に、総合的な学習の時間において、情報に関する学習を行う際には、問題解決的な学習や探究活動を通して、情報を受信し、収集・整理・発信したり、情報が日常生活や社会に与える影響を考えたりするなどの学習活動が行われるよう配慮することとする。また、道徳においても、その指導に当たって、発達の段階に応じて情報モラルを取り扱うよう配慮する。

・　中学校段階では、各教科等において、小学校段階の基礎の上に、コンピュータや情報通信ネットワークなどを主体的に活用するとともに、情報モラル等に関する指導の充実を図る。

　　特に、技術・家庭科の内容としては、マルチメディアの活用やプログラミングと計測・制御などに関する基本的な内容をすべての生徒に学習させる。

・　高等学校段階では、各教科等において、小学校及び中学校段階の基礎の上に、コンピュータや情報通信ネットワークなどを実践的に活用するとともに、情報モラル等についての指導の充実を図る。

　　特に、普通教科「情報」については、将来、いずれの進路を選択した場合でも必要となる情報活用能力を身に付けさせるため、現行の科目構成を見直す。

**幼稚園、小学校、中学校、高等学校及び特別支援学校の
学習指導要領等の改善及び必要な方策等について（答申）（抄）**

平成28年12月21日
中央教育審議会

第1部　学習指導要領等改訂の基本的な方向性

第5章　何ができるようになるか　－育成を目指す資質・能力－

4．教科等を越えた全ての学習の基盤として育まれ活用される資質・能力（情報活用能力（情報技術を手段として活用する力を含む）の育成）

○　情報活用能力とは、世の中の様々な事象を情報とその結び付きとして捉えて把握し、情報及び情報技術を適切かつ効果的に活用して、問題を発見・解決したり自分の考えを形成したりしていくために必要な資質・能力のことである。

○　将来の予測が難しい社会においては、情報や情報技術を受け身で捉えるのではなく、手段として活用していく力が求められる。未来を拓いていく子供たちには、情報を主体的に捉えながら、何が重要かを主体的に考え、見いだした情報を活用しながら他者と協働し、新たな価値の創造に挑んでいくことがますます重要になってくる。

○　また、情報化が急速に進展し、身の回りのものに情報技術が活用されていたり、日々の情報収集や身近な人との情報のやりとり、生活上必要な手続など、日常生活における営みを、情報技術を通じて行ったりすることが当たり前の世の中となってきている。情報技術は今後、私たちの生活にますます身近なものとなっていくと考えられ、情報技術を手段として活用していくことができるようにしていくことも重要である。

○　加えて、スマートフォンやソーシャル・ネットワーキング・サービス（以下「SNS」という。）が急速に普及し、これらの利用を巡るトラブルなども増大している。子供たちには、情報技術が急速に進化していく時代にふさわしい情報モラルを身に付けていく必要がある。

○　こうした情報活用能力については、これまで「情報活用の実践力」「情報の科学的な理解」「情報社会に参画する態度」の3観点と8要素に整理されてきているが、今後、教育課程を通じて体系的に育んでいくため、別紙3－1のとおり、資質・能力の三つの柱に沿って再整理した。

別紙3－1

情報活用能力を構成する資質・能力（抄）

○　情報活用能力を構成する資質・能力を、「知識・技能」、「思考力・判断力・表現力等」、「学びに向かう力・人間性等」の三つの柱に沿って整理をすると、以下のようになると考えられる。

（知識・技能）

　情報と情報技術を活用した問題の発見・解決等の方法や、情報化の進展が社会の中で果たす役割や影響、情報に関する法・制度やマナー、個人が果たす役割や責任等について、情報の科学的な理解に裏打ちされた形で理解し、情報と情報技術を適切に活用するために必要な技能を身に付けていること。

（思考力・判断力・表現力等）

　様々な事象を情報とその結びつきの視点から捉え、複数の情報を結びつけて新たな意味を見出す力や、問題の発見・解決等に向けて情報技術を適切かつ効果的に活用する力を身に付

けていること。

（学びに向かう力・人間性等）

　情報や情報技術を適切かつ効果的に活用して情報社会に主体的に参画し，その発展に寄与しようとする態度等を身に付けていること。

文化審議会著作権分科会審議経過報告（抄）

平成15年1月24日
文化審議会著作権分科会

第4章　著作権教育小委員会における審議の経過

1　著作権教育が目指すもの

　多くの人々が著作物を「創作」「利用」するような時代とは，すべての人々が「権利者」にも「利用者」にもなる時代であり，著作権に関する教育も，単に「違法行為を行わない（権利侵害者とならない）ための知識の修得」ということに止まらず，適切な契約等を通じて「権利者」として自らの権利を正しく行使したり，新しいビジネスの開発などにより「権利者」「利用者」として著作権制度を適切に活用したりすることができるよう，必要な知識・技能・態度等を広く普及させることを視野に入れるべきものである。

　すなわち，著作権に関する教育が目指すべき目標は，「社会のすべての人々が，著作権について，各人にとって必要な知識や意識を持ち，知的創造活動の所産である著作物を創ったり，既にある著作物等の利用が適切に促進されること」である。

　こうした基本的な目標を達成するためには，広く多くの人々を対象とした著作権教育というもの自体が，まだ緒についたばかりのものであるということを踏まえる必要がある。すなわち，今後学校で実施される予定の著作権教育を経ずに，既に社会で活動している多くの人々についても，基礎的な部分から著作権教育を実施していく必要があり，現在の過渡期においては，例えば年齢毎に段階を追った方策では不十分な場合もある。

　さらに，日常生活や仕事において必要とされる知識等の内容やレベルについての多様性に関しても留意する必要があり，高度な内容をすべての人々に教えようとして「著作権は難しい」という偏見を助長したり，逆にすべての人々に必要な内容が欠落したりすることのないよう，十分な注意が必要である。

　例えば，既に社会で活動する人々を含めた「すべての人々」を視野においた場合の具体的な目標や，特に学校教育と大学教育が果たすべき役割を考えた場合の具体的な目標については，次のようなものが考えられる。

(1)「すべての人々」を視野においた「目標」

　①　すべての人々について達成すべき基本的な目標

〈利用者として〉

・「無断でしてはいけない行為」について知り，権利者の了解を得て利用することができること

・「引用」や「私的使用のためのコピー」など基本的な例外について知り，これに基づいた適切な利用ができること

〈権利者として〉

・自分が持っている権利について知っていること

・利用内容やその効果を十分に理解した上で「了解」を与えることができること

② 著作物の創作・利用を仕事として行う人々について達成すべき目標

・関係する分野の著作物の創作や利用形態について,「権利」や「例外」などの「法律ルール」に関する知識を持っていること

・関係する分野の著作物の創作や利用形態について,適切な「契約」やビジネスでの活用等ができること

（2）学校教育における著作権教育

学校における著作権教育の基本的な目標は,初等中等教育の修了までに前記（1）の①の目標を達成する必要がある。このため,すべての児童生徒の発達段階に応じ,例えば次のような段階的目標を設定することが考えられる。

① 自分が創ったものに関して「他人からされたくないこと」などを考えさせ,人々が創ったものの利用について「決まりを作ること」の必要性を理解させること

② 現行の法律ルールに基づき,「無断でしてはいけないこと」などの「決まり」の具体的内容を理解させること

③ 自分が創ったものについては「無断で利用されない」という権利を持つことを理解させ,他人に「了解を与える」ことについて,自ら判断し意思決定ができるようにする

文化審議会著作権分科会報告書（抄）

平成16年1月14日
文化審議会著作権分科会

第4章 著作権教育小委員会

Ⅲ 文化庁が著作権教育を実施するための重要な視点

パソコンやインターネットに代表される情報技術の急速な発達・普及により,学校,家庭,企業,団体,地域などあらゆる「場」で,その「目的」や「形態」は異なるものの,著作物等が創作され,利用されている。

著作物の利用手段が限られていた時代は,一部の関係者が著作権に関する知識を有していれば特に問題は生じなかった。しかしながら,現在のように誰でも著作者になれ,利用者になれる時代にあっては,国民一人一人が著作権に対する知識を身に付け,他人の著作権を尊重する気持ちを持つことが必要である。国民の著作権に関する認識が低ければ,無断利用が横行し,例えば正規品の市場を脅かすことによって,著作者の創作意欲を奪うことにもなりかねず,ひいては我が国の文化の発展を阻害することにもなる。

一方で,現状では,国民が著作権について学習しようとしても,著作権等の知識を身に付けることができる「場」は少なく,著作権知識の普及に適した「資料」や「教材」等も不足している。また,地域や職場で著作権知識を普及したり,そのための研修会等を企画したりできる「人材」も極端に不足している。

このようなことから,国民の著作権を尊重する意識を涵養し,我が国文化の発展に寄与す

るためには，関係者の協力を得て著作権教育に関する施策を強力に推し進めることが重要な課題となっている。

著作権教育小委員会は，昨年度の同委員会の検討結果と本年度の検討結果を踏まえ，このような状況を少しでも改善し，著作権に関する知識の普及の促進を図るために，文化庁が留意すべき重要な視点について，以下のとおり提言する。

3　学校向け事業を優先的に実施すること

文化庁では，国民各層に対する著作権に関する知識の普及を促進するため，各種講習会の実施，学校向け指導書や教材の開発，研究協力校による著作権教育の指導法の研究，インターネットであらゆる著作権に関する質問に答える「著作権なんでも質問教室」（バーチャル著作権ヘルプデスク）などを内容とする「著作権学ぼうプロジェクト」を実施している。これらの事業は今後も推進していく必要があるが，限られた人員及び予算で行うことから，効率よく事業を実施し，最大限の効果をあげるためには，事業の対象者について優先順位を付して実施していく必要がある。

この場合，最も高い優先順位が付されるものは学校教育を対象とした事業であり，その中でも教育を担任する教員向けの事業の充実に努めるべきである。また，事業の内容についても，基本的知識を学ぶための講習会の実施，指導法・教材等の開発・提供などに際し，研究協力校における実践の成果を有効に活用して，よりよいものとなるよう常に改善に心がける必要がある。

4　著作権教育指導者を養成すること

学校，大学，地域社会など多くの場所で著作物の創作及び利用が行われており，関係者の著作権に関する意識は高まりつつあるものの，現実には著作権に関する知識は不十分なものであり，これらの関係者に対する著作権教育は一つの課題である。これらの関係者に対する文化庁の施策としては講習会の実施などが考えられるが，文化庁が直接事業を実施することには限界がある。また，それぞれの場において啓発的で実用的な内容の体系的な研修会・講習会を企画することについても，各機関や地域の現状では難しい面がある。

このため，文化庁は，教育機関，地方自治体関連機関，社会教育施設などのうち，著作権教育の拠点になる機関の職員や，著作権関係団体等の職員を対象とした著作権教育指導者の養成に力を入れるべきである。

この著作権教育指導者は，各機関や地域からの著作権相談を受けたり指導・助言を行ったりするとともに，研修会・講習会の企画や教材作りなどの核になる人材として活躍するものである。

著作権教育指導者の養成に当たっては，文化庁は，各機関や地域から推薦された人に対し，ある程度の期間をかけて，著作権制度に関する知識をはじめとして，著作権教育事業の企画・立案能力の向上，指導方法の取得，教材等の活用方法等の幅広い知識を取得させるとともに，再研修や継続的な資料や教材の提供などにも配慮する必要がある。なお，研修の成果が一定水準以上の者には修了証書を授与するなどして，各機関等において著作権教育指導者が人材として活用されやすいように一種の資格制度のように機能させることも効果的である。

4 学習指導要領

小 学 校（抄）

平成29年3月告示

第1章 総 則

第2 教育課程の編成

2 教科等横断的な視点に立った資質・能力の育成

(1) 各学校においては，児童の発達の段階を考慮し，言語能力，情報活用能力（情報モラルを含む。），問題発見・解決能力等の学習の基盤となる資質・能力を育成していくことができるよう，各教科等の特質を生かし，教科等横断的な視点から教育課程の編成を図るものとする。

第2章 各 教 科
第1節 国 語

第2 各学年の目標及び内容

〔第1学年及び第2学年〕

2 内 容

〔知識及び技能〕

(2) 話や文章に含まれている情報の扱い方に関する次の事項を身に付けることができるよう指導する。

　ア 共通，相違，事柄の順序など情報と情報との関係について理解すること。

〔思考力・判断力，表現力等〕

C 読むこと

(2) (1)に示す事項については，例えば，次のような言語活動を通して指導するものとする。

　ウ 学校図書館などを利用し，図鑑や科学的なことについて書いた本などを読み，分かったことなどを説明する活動。

〔第3学年及び第4学年〕

2 内 容

〔知識及び技能〕

(2) 話や文章に含まれている情報の扱い方に関する次の事項を身に付けることができるよう指導する。

　イ 比較や分類の仕方，必要な語句などの書き留め方，引用の仕方や出典の示し方，辞書や事典の使い方を理解し使うこと。

C 読むこと

(2) (1)に示す事項については，例えば，次のような言語活動を通して指導するものとする。

　ア 記録や報告などの文章を読み，文章の一部を引用して，分かったことや考えたこ

とを説明したり，意見を述べたりする活動。

　ウ　学校図書館などを利用し，事典や図鑑などから情報を得て，分かったことなどを
　　まとめて説明する活動。

〔第5年及び第6学年〕

2　内　容

〔思考力，判断力，表現力等〕

B　書くこと

⑴　書くことに関する次の事項を身に付けることができるよう指導する。

　エ　引用したり，図表やグラフなどを用いたりして，自分の考えが伝わるように書き
　　表し方を工夫すること。

第3　指導計画の作成と内容の取扱い

2　第2の内容の取扱いについては，次の事項に配慮するものとする。

　⑶　第2の内容の指導に当たっては，学校図書館などを目的をもって計画的に利用しそ
　　の機能の活用を図るようにすること。その際，本などの種類や配置，探し方について
　　指導するなど，児童が必要な本などを選ぶことができるよう配慮すること。なお，児
　　童が読む図書については，人間形成のため偏りがないよう配慮して選定すること。

第2節　社　会

第1　目　標

　⑴　地域や我が国の国土の地理的環境，現代社会の仕組みや働き，地域や我が国の歴史
　　や伝統と文化を通して社会生活について理解するとともに，様々な資料や調査活動を
　　通して情報を適切に調べまとめる技能を身に付けるようにする。

　⑵　社会的事象の特色や相互の関連，意味を多角的に考えたり，社会に見られる課題を
　　把握して，その解決に向けて社会への関わり方を選択・判断したりする力，考えたこ
　　とや選択・判断したことを適切に表現する力を養う。

第3　指導計画の作成と内容の取扱い

2　第2の内容の取扱いについては，次の事項に配慮するものとする。

　⑵　学校図書館や公共図書館，コンピュータなどを活用して，情報の収集やまとめなど
　　を行うようにすること。また，全ての学年において，地図帳を活用すること。

第6節　音　楽

第3　指導計画の作成と内容の取扱い

2　第2の内容の取扱いについては，次の事項に配慮するものとする。

　⑴　各学年の「A表現」及び「B鑑賞」の指導に当たっては，次のとおり取り扱うこと。

　　オ　表現したり鑑賞したりする多くの曲について，それらを創作した著作者がいるこ
　　　とに気付き，学習した曲や自分たちのつくった曲を大切にする態度を養うようにす
　　　るとともに，それらの著作者の創造性を尊重する意識をもてるようにすること。ま
　　　た，このことが，音楽文化の継承，発展，創造を支えていることについて理解する
　　　素地となるよう配慮すること。

第7節　図画工作

第1　目　標

　(1)　対象や事象を捉える造形的な視点について自分の感覚や行為を通して理解するとともに，材料や用具を使い，表し方などを工夫して，創造的につくったり表したりすることができるようにする。

　(2)　造形的なよさや美しさ，表したいこと，表し方などについて考え，創造的に発想や構想をしたり，作品などに対する自分の見方や感じ方を深めたりすることができるようにする。

第3　指導計画の作成と内容の取扱い

　2　第2の内容の取扱いについては，次の事項に配慮するものとする。

　(4)　各学年の「A表現」の指導に当たっては，活動の全過程を通して児童が実現したい思いを大切にしながら活動できるようにし，自分のよさや可能性を見いだし，楽しく豊かな生活を創造しようとする態度を養うようにすること。

　(5)　各活動において，互いのよさや個性などを認め尊重し合うようにすること。

　(11)　創造することの価値に気付き，自分たちの作品や美術作品などに表れている創造性を大切にする態度を養うようにすること。また，こうした態度を養うことが，美術文化の継承，発展，創造を支えていることについて理解する素地となるよう配慮すること。

第3章　特別の教科　道徳

第3　指導計画の作成と内容の取扱い

　2　第2の内容の指導に当たっては，次の事項に配慮するものとする。

　(6)　児童の発達の段階や特性等を考慮し，第2に示す内容との関連を踏まえつつ，情報モラルに関する指導を充実すること。(以下略)

第5章　総合的な学習の時間

第1　目　標

　(1)　探究的な学習の過程において，課題の解決に必要な知識及び技能を身に付け，課題に関わる概念を形成し，探究的な学習のよさを理解するようにする。

　(2)　実社会や実生活の中から問いを見いだし，自分で課題を立て，情報を集め，整理・分析して，まとめ・表現することができるようにする。

中　学　校（抄）

平成29年3月告示

第1章　総　則

第2　教育課程の編成

　2　教科等横断的な視点に立った資質・能力の育成

　(1)　各学校においては，生徒の発達の段階を考慮し，言語能力，情報活用能力（情報モラルを含む。），問題発見・解決能力等の学習の基盤となる資質・能力を育成していくことができるよう，各教科等の特質を生かし，教科等横断的な視点から教育課程の編

成を図るものとする。

<h1 style="text-align:center">第2章　各教科</h1>
<h2 style="text-align:center">第1節　国　語</h2>

第2　各学年の目標及び内容

〔第1学年〕

2　内　容

〔知識及び技能〕

(2)　話や文章に含まれている情報の扱い方に関する次の事項を身に付けることができるよう指導する。

　ア　原因と結果，意見と根拠など情報と情報との関係について理解すること。

　イ　比較や分類，関係付けなどの情報の整理の仕方，引用の仕方や出典の示し方について理解を深め，それらを使うこと。

〔思考力，判断力，表現力等〕

B　書くこと

(2)　(1)に示す事項については，例えば，次のような言語活動を通して指導するものとする。

　ア　本や資料から文章や図表などを引用して説明したり記録したりするなど，事実やそれを基に考えたことを書く活動。

C　読むこと

(2)　(1)に示す事項については，例えば，次のような言語活動を通して指導するものとする。

　ウ　学校図書館などを利用し，多様な情報を得て，考えたことなどを報告したり資料にまとめたりする活動。

〔第2学年〕

2　内　容

〔思考力，判断力，表現力等〕

C　読むこと

(2)　(1)に示す事項については，例えば，次のような言語活動を通して指導するものとする。

　ウ　本や新聞，インターネットなどから集めた情報を活用し，出典を明らかにしながら，考えたことなどを説明したり提案したりする活動。

<h2 style="text-align:center">第2節　社　会</h2>

第3　指導計画の作成と内容の取扱い

2　第2の内容の取扱いについては，次の事項に配慮するものとする。

(2)　情報の収集，処理や発表などに当たっては，学校図書館や地域の公共施設などを活用するとともに，コンピュータや情報通信ネットワークなどの情報手段を積極的に活用し，指導に生かすことで，生徒が主体的に調べ分かろうとして学習に取り組めるようにすること。その際，課題の追究や解決の見通しをもって生徒が主体的に情報手段

を活用できるようにするとともに，情報モラルの指導にも留意すること。

第5節　音　楽

第3　指導計画の作成と内容の取扱い

2　第2の内容の取扱いについては，次の事項に配慮するものとする。

(1)　各学年の「A表現」及び「B鑑賞」の指導に当たっては，次のとおり取り扱うこと。

カ　自己や他者の著作物及びそれらの著作者の創造性を尊重する態度の形成を図るとともに，必要に応じて，音楽に関する知的財産権について触れるようにすること。また，こうした態度の形成が，音楽文化の継承，発展，創造を支えていることへの理解につながるよう配慮すること。

第6節　美　術

第3　指導計画の作成と内容の取扱い

2　第2の内容の取扱いについては，次の事項に配慮するものとする。

(7)　創造することの価値を捉え，自己や他者の作品などに表れている創造性を尊重する態度の形成を図るとともに，必要に応じて，美術に関する知的財産権や肖像権などについて触れるようにすること。また，こうした態度の形成が，美術文化の継承，発展，創造を支えていることへの理解につながるよう配慮すること。

第8節　技術・家庭

第2　各分野の目標及び内容

〔技術分野〕

3　内容の取扱い

(4)　内容の「D情報の技術」については，次のとおり取り扱うものとする。

ア　(1)については，情報のデジタル化の方法と情報の量，著作権を含めた知的財産権，発信した情報に対する責任，及び社会におけるサイバーセキュリティが重要であることについても扱うこと。

第3章　特別の教科　道徳

第3　指導計画の作成と内容の取扱い

2　第2の内容の指導に当たっては，次の事項に配慮するものとする。

(6)　生徒の発達の段階や特性等を考慮し，第2に示す内容との関連を踏まえつつ，情報モラルに関する指導を充実すること。(以下略)

高等学校（抄）

平成30年3月告示

第1章　総　則

第2款　教育課程の編成

2　教科等横断的な視点に立った資質・能力の育成

(1)　各学校においては，生徒の発達の段階を考慮し，言語能力，情報活用能力（情報モラルを含む。），問題発見・解決能力等の学習の基盤となる資質・能力を育成していくことができるよう，各教科・科目等の特質を生かし，教科等横断的な視点から教育課

程の編成を図るものとする。

第2章　各学科に共通する各教科
第1　現代の国語

2　内　容

〔知識及び技能〕

⑵　話や文章に含まれている情報の扱い方に関する次の事項を身に付けることができるよう指導する。

　オ　引用の仕方や出典の示し方，それらの必要性について理解を深め使うこと。

〔思考力，判断力，表現力等〕

　B　書くこと

⑵　⑴に示す事項については，例えば，次のような言語活動を通して指導するものとする。

　ア　論理的な文章や実用的な文章を読み，本文や資料を引用しながら，自分の意見や考えを論述する活動。

第3節　公　民
第1　公　共

2　内　容

　B　自立した主体としてよりよい社会の形成に参画する私たち

　ア　次のような知識及び技能を身に付けること。

　　㋐　法や規範の意義及び役割，多様な契約及び消費者の権利と責任，司法参加の意義などに関わる現実社会の事柄や課題を基に，憲法の下，適正な手続きに則り，法や規範に基づいて各人の意見や利害を公平・公正に調整し，個人や社会の紛争を調停，解決することなどを通して，権利や自由が保障，実現され，社会の秩序が形成，維持されていくことについて理解すること。

第3款　各科目にわたる指導計画の作成と内容の取扱い

2　内容の取扱いに当たっては，次の事項に配慮するものとする。

　⑷　情報の収集，処理や発表などに当たっては，学校図書館や地域の公共施設などを活用するとともに，コンピュータや情報通信ネットワークなどの情報手段を積極的に活用し，指導に生かすことで，生徒が主体的に学習に取り組めるようにすること。その際，課題の追究や解決の見通しをもって生徒が主体的に情報手段を活用できるようにするとともに，情報モラルの指導にも配慮すること。

第10節　情　報
第1　情報Ⅰ

2　内　容

⑴　情報社会の問題解決

　　情報と情報技術を活用した問題の発見・解決の方法に着目し，情報社会の問題を発見・解決する活動を通して，次の事項を身に付けることができるよう指導する。

　ア　次のような知識及び技能を身に付けること。

　　(イ)　情報に関する法規や制度，情報セキュリティの重要性，情報社会における個人
　　　　の責任及び情報モラルについて理解すること。
　イ　次のような思考力，判断力，表現力等を身に付けること。
　　(イ)　情報に関する法規や制度及びマナーの意義，情報社会において個人の果たす役
　　　　割や責任，情報モラルなどについて，それらの背景を科学的に捉え，考察するこ
　　　　と。
第3款　各科目にわたる指導計画の作成と内容の取扱い
　2　内容の取扱いに当たっては，次の事項に配慮するものとする。
　(1)　各科目の指導においては，情報の信頼性や信憑性を見極めたり確保したりする能力
　　　の育成を図るとともに，知的財産や個人情報の保護と活用をはじめ，科学的な理解に
　　　基づく情報モラルの育成を図ること。

第3章　主として専門学科において開設される各教科

第7節　情　報

第3款　各科目にわたる指導計画の作成と内容の取扱い
　2　内容の取扱いに当たっては，次の事項に配慮するものとする。
　(2)　個人情報や知的財産の保護と活用について扱うとともに，情報モラルや職業人とし
　　　て求められる倫理観の育成を図ること。

第8節　福　祉

第9　福祉情報

　2　内　容
　　1に示す資質・能力を身に付けることができるよう，次の〔指導項目〕を指導する。
〔指導項目〕
　(2)　情報モラルとセキュリティ
　　ア　情報モラル
　3　内容の取扱い
　(2)　内容の範囲や程度については，次の事項に配慮するものとする。
　　イ　〔指導項目〕の(2)については，情報に関連する法規やマナーの意義，情報社会に
　　　　おいて個人の果たす役割や責任などの情報モラル及び情報通信ネットワーク，情報
　　　　セキュリティを確保する方法について扱うこと。

第12節　美　術

第1　美術概論

　2　内　容
　　1に示す資質・能力を身に付けることができるよう，次の〔指導項目〕を指導する。
〔指導項目〕
　(3)　知的財産権と肖像権
第3款　各科目にわたる指導計画の作成と内容の取扱い
　2　内容の取扱いに当たっては，次の事項に配慮するものとする。
　(1)　創造することの価値を捉え，自己や他者の作品などに表れている創造性を尊重する

態度の形成を図るとともに，美術に関する知的財産権や肖像権などについて配慮し，自己や他者の著作物等を尊重する態度の形成を図るようにすること。また，こうした態度の形成が，美術文化の継承，発展，創造を支えていることへの理解につながるよう配慮すること。

5 ガイドライン

図書館の障害者サービスにおける著作権法第37条第3項に基づく 著作物の複製等に関するガイドライン（抄）

2010年2月18日
2013年9月2日別表一部修正
国公私立大学図書館協力委員会
（公社）全国学校図書館協議会
全国公共図書館協議会
専門図書館協議会
（社）日本図書館協会

（目的）

1　このガイドラインは，著作権法第37条第3項に規定される権利制限に基づいて，視覚障害者等に対して図書館サービスを実施しようとする図書館が，著作物の複製，譲渡，自動公衆送信を行う場合に，その取り扱いの指針を示すことを目的とする。

（経緯）

2　2009（平成21）年6月19日に公布された著作権法の一部を改正する法律（平成21年法律第53号）が，一部を除き2010（平成22）年1月1日から施行された。図書館が，法律改正の目的を達成し，法の的確な運用を行うためには，「図書館における著作物の利用に関する当事者協議会」を構成する標記図書館団体（以下「図書館団体」という。）は，ガイドラインの策定が必要であるとの意見でまとまった。そのため，図書館団体は，著作者の権利に留意しつつ図書館利用者の便宜を図るために，同協議会を構成する権利者団体（以下「権利者団体」という。）と協議を行い，権利者団体の理解の下にこのガイドラインを策定することとした。

（本ガイドラインの対象となる図書館）

3　このガイドラインにおいて，図書館とは，著作権法施行令第2条第1項各号に定める図書館をいう。

（資料を利用できる者）

4　著作権法第37条第3項により複製された資料（以下「視覚障害者等用資料」という。）を利用できる「視覚障害者その他視覚による表現の認識に障害のある者」とは，別表1に例示する状態にあって，視覚著作物をそのままの方式では利用することが困難な者をいう。

5　前項に該当する者が，図書館において視覚障害者等用資料を利用しようとする場合は，一般の利用者登録とは別の登録を行う。その際，図書館は別表2「利用登録確認項目リスト」を用いて，前項に該当することについて確認する。当該図書館に登録を行っていない者に対しては，図書館は視覚障害者等用資料を利用に供さない。

（図書館が行う複製（等）の種類）

6　著作権法第37条第3項にいう「当該視覚障害者等が利用するために必要な方式」とは，次に掲げる方式等，視覚障害者等が利用しようとする当該視覚著作物にアクセスすることを保障する方式をいう。

　　録音，拡大文字，テキストデータ，マルチメディアデイジー，布の絵本，触図・触地図，ピクトグラム，リライト（録音に伴うもの，拡大に伴うもの），各種コード化（SPコードなど），映像資料のサウンドを映像の音声解説とともに録音すること等

（図書館間協力）

7　視覚障害者等のための複製（等）が重複することのむだを省くため，視覚障害者等用資料の図書館間の相互貸借は積極的に行われるものとする。また，それを円滑に行うための体制の整備を図る。

（複製の品質）

8　図書館は第6項に示す複製（等）の質の向上に努める。そのために図書館は担当者の研修を行い，技術水準の維持を確保する。図書館団体は，研修に関して積極的に支援する。

（市販される資料との関係）

9　著作権法第37条第3項ただし書に関して，図書館は次のように取り扱う。

⑴　市販されるもので，次のa）～d）に示すものは，著作権法第37条第3項ただし書に該当しないものとする。

　　a）当該視覚著作物の一部分を提供するもの

　　b）録音資料において，朗読する者が演劇のように読んだり，個々の独特の表現方法で読んでいるもの

　　c）利用者の要求がデイジー形式の場合，それ以外の方式によるもの

　　d）インターネットのみでの販売などで，視覚障害者等が入手しにくい状態にあるもの（ただし，当面の間に限る。また，図書館が入手し障害者等に提供できるものはこの限りでない。）

⑵　図書館は，第6項に示す複製（等）を行おうとする方式と同様の方式による市販資料の存在を確認するため，別表3を参照する。当該方式によるオンデマンド出版もこれに含む。なお，個々の情報については，以下に例示するように具体的にどのような配慮がなされているかが示されていることを要件とする。

　　また，販売予定（販売日を示したもの）も同様に扱う。

　　（資料種別と具体的配慮内容）

　　　　例：音声デイジー，マルチメディアデイジー（収録データ形式），大活字図書（字体とポイント数），テキストデータ，触ってわかる絵本，リライト

⑶　前記⑵の販売予定の場合，販売予告提示からその販売予定日が1か月以内までのもの

を「提供または提示された資料」として扱う。ただし、予定販売日を1か月超えても販売されていない場合は、図書館は第6項に示す複製（等）を開始することができる。

⑷　図書館が視覚障害者等用資料の複製（等）を開始した後に販売情報が出された場合であっても、図書館は引き続き当該複製（等）を継続し、かつ複製物の提供を行うことができる。ただし、自動公衆送信は中止する。

（ガイドラインの見直し）

10　本ガイドラインは、社会状況の変化等に応じて随時見直し、改訂を行う。その際は、「図書館における著作物の利用に関する当事者協議会」における検討を尊重する。

以上

（別表は略）

初等中等教育段階における生成AIの利用に関する暫定的なガイドライン（抄）

令和5年7月4日
文部科学省初等中等教育局

1．本ガイドラインの位置づけ

・生成AIは黎明期にあり、技術革新やサービス開発が飛躍的なスピードで進展している。こうした中、教育現場においても、様々な活用のメリットを指摘する声がある一方、子供がAIの回答を鵜呑みにするのではないか等、懸念も指摘されている。その一方で、児童生徒や教師を含め、社会に急速に普及しつつある現状もあり、一定の考え方を国として示すことが必要である。

・本ガイドラインは、生成AIに関する政府全体の議論やG7教育大臣会合における認識の共有、幅広い有識者や、中央教育審議会委員からの意見聴取を経て、主として対話型の文章生成AIについて、学校関係者が現時点で生成AIの活用の適否を判断する際の参考資料として、令和5年6月末日時点の知見をもとに暫定的に取りまとめるものである（一律に禁止や義務づけを行う性質のものではない）。

・このため、本ガイドライン公表後も、「広島AIプロセス」（※1）に基づく様々なルールづくりの進展、科学的知見の蓄積、サービス内容や利用規約の変更、学校現場の優れた取組事例、本ガイドラインに対する幅広い関係者からのフィードバックなどを踏まえて、機動的に改訂を行うこととする。

2．生成AIの概要

・ChatGPTやBing Chat、Bard等の対話型生成AIは、あたかも人間と自然に会話をしているかのような応答が可能であり、文章作成、翻訳等の素案作成、ブレインストーミングの壁打ち相手など、民間企業等では多岐に亘る活用が広まりつつある。

・これらのAIは、あらかじめ膨大な量の情報から深層学習によって構築した大規模言語モデル（LLM（Large Language Models））に基づき、ある単語や文章の次に来る単語や文章を推測し、「統計的にそれらしい応答」を生成するものである。指示文（プロンプト）の工夫で、より確度の高い結果が得られるとともに、今後更なる精度の向上も見

込まれているが、回答は誤りを含む可能性が常にあり、時には、事実と全く異なる内容や、文脈と無関係な内容などが出力されることもある（いわゆる幻覚（ハルシネーション＝Hallucination））。

・対話型生成AIを使いこなすには、指示文（プロンプト）への習熟が必要となるほか、回答は誤りを含むことがあり、あくまでも「参考の一つに過ぎない」ことを十分に認識し、最後は自分で判断するという基本姿勢が必要となる。回答を批判的に修正するためには、対象分野に関する一定の知識や自分なりの問題意識とともに、真偽を判断する能力が必要となる。また、AIに自我や人格はなく、あくまでも人間が発明した道具であることを十分に認識する必要がある。

・また、AIがどのようなデータを学習しているのか、学習データをどのように作成しているのか、どのようなアルゴリズムに基づき回答しているかが不明である等の「透明性に関する懸念」、機密情報が漏洩しないか、個人情報の不適正な利用を行っていないか、回答の内容にバイアスがかかっていないか等の「信頼性に関する懸念」が指摘されている。

3．生成AIの教育利用の方向性

（1）基本的な考え方

・学習指導要領は、「情報活用能力」を学習の基盤となる資質・能力と位置づけ、情報技術を学習や日常生活に活用できるようにすることの重要性を強調している。このことを踏まえれば、新たな情報技術であり、多くの社会人が生産性の向上に活用している生成AIが、どのような仕組みで動いているかという理解や、どのように学びに活かしていくかという視点、近い将来使いこなすための力を意識的に育てていく姿勢は重要である。

・その一方、生成AIは発展途上にあり、多大な利便性の反面、個人情報の流出、著作権侵害のリスク、偽情報の拡散、批判的思考力や創造性、学習意欲への影響等、様々な懸念も指摘されており、教育現場における活用に当たっては、児童生徒の発達の段階を十分に考慮する必要がある（各種サービスの利用規約でも年齢制限や保護者同意が課されている）。

・以上を踏まえ、教育利用に当たっては、利用規約の遵守はもとより、事前に生成AIの性質やメリット・デメリット、AIには自我や人格がないこと、生成AIに全てを委ねるのではなく自己の判断や考えが重要であることを十分に理解させることや、発達の段階や子供の実態を踏まえ、そうした教育活動が可能であるかどうかの見極めが重要と考えられる。その上で、個別の学習活動での活用の適否については、学習指導要領に示す資質・能力の育成を阻害しないか、教育活動の目的を達成する観点で効果的か否かで判断すべきである（生成AIの性質等を理解できない段階、学習目的達成につながらない、適正な評価の阻害や不正行為に繋がる等の場合は活用すべきでない）。こうした判断を適切に行うためには教師の側にも一定のAIリテラシーが必要である。

・また、忘れてはならないことは、真偽の程は別として手軽に回答を得られるデジタル時代であるからこそ、根本に立ち返り、学ぶことの意義についての理解を深める指導が重要となる。また、人間中心の発想で生成AIを使いこなしていくためにも、各教科等で学

ぶ知識や文章を読み解く力、物事を批判的に考察する力、問題意識を常に持ち、問を立て続けることや、その前提としての「学びに向かう力、人間性等」の涵養がこれまで以上に重要になる。そうした教育を拡充するためには、体験活動の充実をはじめ、教育活動におけるデジタルとリアルのバランスや調和に一層留意する必要がある。

① 現時点では活用が有効な場面を検証しつつ、限定的な利用から始めることが適切である。生成AIを取り巻く懸念やリスクに十分な対策を講じることができる一部の学校において、個人情報保護やセキュリティ、著作権等に十分に留意しつつ、パイロット的な取組を進め、成果・課題を十分に検証し、今後の更なる議論に資することが必要である。

② その一方、学校外で使われる可能性を踏まえ、全ての学校で、情報の真偽を確かめること（いわゆるファクトチェック）の習慣付けも含め、情報活用能力を育む教育活動を一層充実させ、AI時代に必要な資質・能力の向上を図る必要がある。

③ 教員研修や校務での適切な活用に向けた取組を推進し、教師のAIリテラシー向上や働き方改革に繋げる必要がある。

（2）生成AI活用の適否に関する暫定的な考え方

● 子供の発達の段階や実態を踏まえ、年齢制限・保護者同意等の利用規約の遵守を前提に、教育活動や学習評価の目的を達成する上で、生成AIの利用が効果的か否かで判断することを基本とする（特に小学校段階の児童に利用させることには慎重な対応を取る必要がある）。

● まずは、生成AIへの懸念に十分な対策を講じられる学校でパイロット的に取り組むことが適当。

1．適切でないと考えられる例
※あくまでも例示であり、個別具体に照らして判断する必要がある

① 生成AI自体の性質やメリット・デメリットに関する学習を十分に行っていないなど、情報モラルを含む情報活用能力が十分育成されていない段階において、自由に使わせること

② 各種コンクールの作品やレポート・小論文などについて、生成AIによる生成物をそのまま自己の成果物として応募・提出すること（コンクールへの応募を推奨する場合は応募要項等を踏まえた十分な指導が必要）

③ 詩や俳句の創作、音楽・美術等の表現・鑑賞など子供の感性や独創性を発揮させたい場面、初発の感想を求める場面などで最初から安易に使わせること

④ テーマに基づき調べる場面などで、教科書等の質の担保された教材を用いる前に安易に使わせること

⑤ 教師が正確な知識に基づきコメント・評価すべき場面で、教師の代わりに安易に生成AIから生徒に対し回答させること

⑥ 定期考査や小テストなどで子供達に使わせること（学習の進捗や成果を把握・評価するという目的に合致しない。CBTで行う場合も、フィルタリング等により、生成AIが使用しうる状態とならないよう十分注意すべき）

⑦　児童生徒の学習評価を、教師がAIからの出力のみをもって行うこと

⑧　教師が専門性を発揮し、人間的な触れ合いの中で行うべき教育指導を実施せずに、安易に生成AIに相談させること

2．活用が考えられる例

※あくまでも例示であり、個別具体に照らして判断する必要がある

①　情報モラル教育の一環として、教師が生成AIが生成する誤りを含む回答を教材として使用し、その性質や限界等を生徒に気付かせること

②　生成AIをめぐる社会的論議について生徒自身が主体的に考え、議論する過程で、その素材として活用させること

③　グループの考えをまとめたり、アイデアを出す活動の途中段階で、生徒同士で一定の議論やまとめをした上で、足りない視点を見つけ議論を深める目的で活用させること

④　英会話の相手として活用したり、より自然な英語表現への改善や一人一人の興味関心に応じた単語リストや例文リストの作成に活用させること、外国人児童生徒等の日本語学習のために活用させること

⑤　生成AIの活用方法を学ぶ目的で、自ら作った文章を生成AIに修正させたものを「たたき台」として、自分なりに何度も推敲して、より良い文章として修正した過程・結果をワープロソフトの校閲機能を使って提出させること

⑥　発展的な学習として、生成AIを用いた高度なプログラミングを行わせること

⑦　生成AIを活用した問題発見・課題解決能力を積極的に評価する観点からパフォーマンステストを行うこと

改正著作権法第35条運用指針（令和3年（2021）年度版）（抄）

2020年12月
著作物の教育利用に関する関係者フォーラム

1．用語の定義

①「複製」

　手書き、キーボード入力、印刷、写真、複写、録音、録画その他の方法により、既存の著作物の一部又は全部を有形的に再製することをいいます（著作権法第2条1項15号。著作物だけでなく、実演、レコード、放送・有線放送の利用についても同様です）。

該当する例

・黒板への文学作品の板書
・ノートへの文学作品の書き込み
・画用紙への絵画の模写
・紙粘土による彫刻の模造
・コピー機を用いて紙に印刷された著作物を別の紙へコピー
・コピー機を用いて紙に印刷された著作物をスキャンして変換したPDFファイルの記録メディアへの保存
・キーボード等を用いて著作物を入力したファイルのパソコンやスマホへの保存

・パソコン等に保存された著作物のファイルのUSBメモリへの保存
・著作物のファイルのサーバへのデータによる蓄積（バックアップも含む）
・テレビ番組のハードディスクへの録画
・プロジェクターでスクリーン等に投影した映像データを、カメラやスマートフォンなどで撮影すること

② 「公衆送信」

　　放送、有線放送、インターネット送信（サーバへ保存するなどしてインターネットを通じて送信できる状態にすること（「送信可能化」を含む））その他の方法により、不特定の者または特定多数の者（公衆※）に送信することをいいます（著作権法第2条1項7号の2、2条5項。著作隣接権の側面では、実演を放送・有線放送、送信可能化すること、レコードを送信可能化すること、放送・有線放送を再放送・再有線放送・有線放送・放送、送信可能化することがこれに相当します）。

　　ただし、校内放送のように学校の同一の敷地内（同一の構内）に設置されている放送設備やサーバ（構外からアクセスできるものを除きます）を用いて行われる校内での送信行為は公衆送信には該当しません。

該当する例
・学外に設置されているサーバに保存された著作物の、履修者等からの求めに応じた送信
・多数の履修者等（公衆）への著作物のメール送信
・学校のホームページへの著作物の掲載
・テレビ放送
・ラジオ放送

※一般的に、授業における教員等と履修者等間の送信は、公衆送信に該当すると考えられます。

③ 「学校その他の教育機関」

　　組織的、継続的に教育活動を営む非営利の教育機関。学校教育法その他根拠法令（地方自治体が定める条例・規則を含む）に基づいて設置された機関と、これらに準ずるところをいいます。

該当する例（カッコ内は根拠法令）
・幼稚園、小学校、中学校、義務教育学校、高等学校、中等教育学校、特別支援学校、高等専門学校、各種学校、専修学校、大学等（学校教育法）
・防衛大学校、税務大学校、自治体の農業大学校等の大学に類する教育機関（各省の設置法や組織令など関係法令等）
・職業訓練等に関する教育機関（職業能力開発促進法等）
・保育所、認定こども園、学童保育（児童福祉法、就学前の子どもに関する教育、保育等の総合的な提供の推進に関する法律）
・公民館、博物館、美術館、図書館、青少年センター、生涯学習センター、その他これに類する社会教育施設（社会教育法、博物館法、図書館法等）
・教育センター、教職員研修センター（地方教育行政の組織及び運営に関する法律等）

・学校設置会社経営の学校（構造改革特別区域法。営利目的の会社により設置される教育機関だが、特例で教育機関に該当）

該当しない例

・営利目的の会社や個人経営の教育施設

・専修学校または各種学校の認可を受けていない予備校・塾

・カルチャーセンター

・企業や団体等の研修施設

④「授業」

　　学校その他の教育機関の責任において、その管理下で教育を担任する者が学習者に対して実施する教育活動を指します。

該当する例

・講義、実習、演習、ゼミ等（名称は問わない）

・初等中等教育の特別活動（学級活動・ホームルーム活動、クラブ活動、児童・生徒会活動、学校行事、その他）や部活動、課外補習授業等

・教育センター、教職員研修センターが行う教員に対する教育活動

・教員の免許状更新講習

・通信教育での面接授業１、通信授業２、メディア授業３等

・学校その他の教育機関が主催する公開講座（自らの事業として行うもの。収支予算の状況などに照らし、事業の規模等が相当程度になるものについては別途検討する）

・履修証明プログラム

・社会教育施設が主催する講座、講演会等（自らの事業として行うもの）

該当しない例

・入学志願者に対する学校説明会、オープンキャンパスでの模擬授業等

・教職員会議

・大学でのFD5、SD6として実施される、教職員を対象としたセミナーや情報提供

・高等教育での課外活動（サークル活動等）

・自主的なボランティア活動（単位認定がされないもの）

・保護者会

・学校その他の教育機関の施設で行われる自治会主催の講演会、PTA主催の親子向け講座等

※履修者等による予習、復習は「授業の過程」とする。

※次の①～③は、授業の過程での行為とする。

　①送信された著作物の履修者等による複製

　②授業用資料作成のための準備段階や授業後の事後検討における教員等による複製

　③自らの記録として保存しておくための教員等または履修者等による複製

※高等専門学校は高等教育機関だが、中等教育と同様の教育課程等について本運用指針での対応する部分が当てはまる。

⑤「教育を担任する者」

授業を実際に行う人（以下、「教員等」）という）を指します。

該当する例

・教諭、教授、講師等（名称、教員免許状の有無、常勤・非常勤などの雇用形態は問わない）

※教員等の指示を受けて、事務職員等の教育支援者及び補助者らが、学校内の設備を用いるなど学校の管理が及ぶ形で複製や公衆送信を行う場合は、教員等の行為とする。

⑥「授業を受ける者」

教員等の学習支援を受けている人、または指導下にある人（以下、「履修者等」という）を指します。

該当する例

・名称や年齢を問わず、実際に学習する者（児童、生徒、学生、科目等履修生、受講者等）

※履修者等の求めに応じて、事務職員等の教育支援者及び補助者らが、学校内の設備を用いるなど学校の管理が及ぶ形で複製や公衆送信を行う場合は、履修者等の行為とする。

⑦「必要と認められる限度」

「授業のために必要かどうか」は第一義的には授業担当者が判断するものであり、万一、紛争が生じた場合には授業担当者がその説明責任を負うことになります（児童生徒、学生等による複製等についても、授業内で利用される限り授業の管理者が責任を負うと考えるべきです。）。その際、授業担当者の主観だけでその必要性を判断するのではなく、授業の内容や進め方等との関係においてその著作物を複製することの必要性を客観的に説明できる必要があります。例えば、授業では使用しないものの読んでおくと参考になる文献を紹介するのであれば、題号、著作者名、出版社等を示せば足るにもかかわらず、全文を複製・公衆送信するようなことについて、必要性があると説明することは困難です。また、大学の場合、教員が学生に対して、受講に当たり教科書や参考図書として学生各自が学修用に用意しておくよう指示した書籍に掲載された著作物の複製・公衆送信も、一般的には「必要と認められる限度」には含まれないと考えられます。

「必要と認められる限度」は授業の内容や進め方等の実態によって異なるため、ある授業科目で当該授業の担当教員がある著作物を複製・公衆送信等を行っており、別の授業科目で他の教員が同様の種類の著作物を同様の分量・方法で複製等をしたとしても、実際の授業の展開によっては、一方は「必要と認められる限度」に含まれ、他方がそれに含まれないということも理論的にはあり得ます。したがって、外形だけで判断するのではなく、個々の授業の実態に応じて許諾が必要か不要かを判断する必要があります。

また、「必要と認められる限度」に含まれるとしても、後述の⑨「著作権者の利益を不当に害することとなる場合」に該当する場合には、権利は制限されず許諾を得ることが必要となります。

⑧「公に伝達」

公表された著作物であって、公衆送信されるものを受信装置を用いて公に伝達することをいいます。

該当する例

・授業内容に関係するネット上の動画を授業中に受信し、教室に設置されたディスプレイ等で履修者等に視聴させる。

⑨「著作権者の利益を不当に害することとなる場合」

　改正著作権法第35条では、著作権者等の許諾を得ることなく著作物等が利用できる要件を定めていますが、その場合であっても著作権者等の利益を不当に害することとなるときには、補償金を支払ったとしても無許諾では複製や公衆送信はできません。これは、学校等の教育機関で複製や公衆送信が行われることによって、現実に市販物の売れ行きが低下したり、将来における著作物等の潜在的販路を阻害したりすることのないよう、十分留意する必要があるからです。つまり、「教育機関において行われる複製や公衆送信」、「教員又は授業を受ける者による複製や公衆送信」、「それが授業の過程で利用されるもの」、「授業のために必要と認められる限度の複製や公衆送信」という要件のすべてを満たしていても、著作権者等の利益を不当に害することとなる場合にはこの規定は適用されず、著作権者等の許諾を得ることが必要になります。

　以下では、著作権者等の利益を不当に害することとなるかどうかのキーワード（著作物の種類、著作物の用途、複製の部数、複製・公衆送信・伝達の態様）ごとに基本的な考え方と不当に害すると考えられる例を、初等中等教育と高等教育に分けて説明します。

　説明の中で、「不当に害する可能性が高い（低い）」という書き方をしているのは、この運用指針で示す事例が確実に著作権侵害になる又はならないということを保証するものではないからです。関係者の見解の相違があった場合には、個々のケースごとに、利用者がその行為について授業の目的に照らして必要と認められる限度であることを客観的に説明し得るか、又は権利者がその利益を不当に害されたことを客観的に説明し得るかによって判断せざるを得ません。また、示した例は典型的なものであり、これらに限られるものではありませんので、ここにあげられていないケースについては「基本的な考え方」や典型例を基にして個別に判断する必要があります。どのような場合に不当に害することになるかについての「基本的な考え方」は、教育関係者がこれに萎縮して利用を躊躇してしまうことは改正法の意図するところではありませんが、逆に学習者にとって良かれと思ってというような安易な発想に立つのも禁物です。⑦で述べたように、当該教育機関の目標やねらいに照らして必要と認められる限度で著作権者等の権利が制限されますが、その範囲の利用であっても、その行為が社会における著作物等の流通にどのような影響を及ぼすかについて留意する必要があります。本項は、それを考えるために「基本的な考え方」を整理したものです。このような構造と考え方を理解していただけると、ICT活用教育に伴う著作物利用について、相当円滑に進むものと考えられます。

　なお、ここに示したのは、第35条の規定に関する考え方であり、教育活動の中では、引用など他の規定の適用を受けて著作権者等の許諾を得ることなく著作物等を利用できる場合があります。

⑨−1　初等中等教育

基本的な考え方

■著作物の種類■

○著作物の種類によって、そもそもこの規定を適用することが適切ではないものがあります。例えば「プログラムの著作物（アプリケーションソフトウェア）」です。学習用の市販のアプリケーションソフトウェアを一つだけ購入し、もしくは、1ライセンスのみ購入し、それを学校の複数のPCにコピーして使用したり、児童・生徒に公衆送信して提供したりすることは、プログラムの著作物という種類に照らして著作権者等の利益を不当に害する可能性が高いと考えられます。

○この規定により著作権者の許諾を得ずに著作物を複製又は公衆送信する場合、複製又は公衆送信できる分量について「授業において必要と認められる限度において」と定められているところ、この要件を充足した場合であっても、市場での流通を阻害するような利用が著作権者等の利益を不当に害することとなりかねないことを考えると、著作物の種類によっては著作物の全体が利用できるのか、部分の利用に限られるのかが異なることもあります。このことについてどの著作物の種類が全部の利用ができるか、あるいはそうでないかを網羅的・限定的に示すことは困難ですが、例を挙げながらその考え方を示します。

短文の言語の著作物、絵画及び写真の著作物などの場合は、全部の利用が不可欠であるとともに、部分的に複製又は公衆送信することによって同一性保持権の侵害になる可能性があります。そのような種類の著作物であれば、一つの著作物の全部を複製又は公衆送信をしても著作権者等の利益を不当に害するとは言えない可能性があります。なお、この項でいう「複製又は公衆送信」は、授業に供する著作物を単体で利用する場合について述べたものであり、授業風景や解説の中継映像などの動画の中で影像の一部として、又は背景的にこれらの著作物が利用されている場合（専ら著作物等自体を提供するような行為でない場合）は、著作物の種類に関わらず、著作物の全部が複製又は公衆送信されていても著作権者等の利益を不当に害する可能性は低いと考えられます。

○厳密には「著作物の種類」という観点での区別ではありませんが、著作物の種類とも関連して著作物が提供されている状況や著作物を入手する環境によって、授業の目的で著作物の全部を複製することが、著作権者等の利益を不当に害することに該当する場合もあれば、そうでない場合もあります。以下はそのような観点から考え方を説明します。

・一つのコンテンツの中に複数の著作物が含まれている場合、コンテンツと他の著作物の相互関係によって著作権者等の利益を不当に害するかどうかの分量が異なることもあり得ます。例えば、放送から録画した映画や番組であれば、通常、全部を複製することは著作権者等の利益を不当に害する可能性が高いので、そのうちの必要な一部分にとどめて複製することが考えられます。その一部分に音楽や言語の著作物等が素材として含まれていた場合、その一部分の利用が授業のために必要な範囲であれば、その素材としての著作物等については全部の複製をしていても著作権者等の利益を不当に害することとなる可能性は低いと考えられます。

・著作権者等の利益を不当に害するかしないかを判断する重要な観点は、複製や公衆送信によって現実に市販物の売れ行きが低下したり、将来における著作物の潜在的販路を阻害したりすることがあるか否かですので、利用者がその著作物を個別に入手（購入）で

きるかどうか、あるいはその利用許諾申請を著作権者等に、個別に又は包括的に行うことができるかどうかが一つのカギになります。相当程度に入手困難かつ、合理的な手段で利用許諾を得ることができない著作物であれば、この規定の適用を受けて複製できる著作物の分量については全部も可能となるものがあると考えられますので、個別に判断することが必要と考えられます。

〈全部を複製又は公衆送信しても著作権者等の利益を不当に害することとはならない可能性が高い例（授業に必要と認められる限度内であることを充足することが前提）〉

●採択された教科書中の著作物の利用

※「個々の作品（文章作品や写真・イラスト等）の他に、発行した出版社等による著作物も含まれる。

※採択された教科書の代替として使用される学習者用デジタル教科書の契約内の利用についても同様。

●俳句、短歌、詩等の短文の言語の著作物

●新聞に掲載された記事等の言語の著作物

●写真、絵画（イラスト、版画等を含む。）、彫刻その他の美術の著作物、及び地図

■著作物の用途■

○その著作物がどのような目的で作成され、市場でどのように供給されているかによって、著作権者等の利益を不当に害することもあります。例えば、児童・生徒が全員購入し、利用する目的で販売されている問題集やドリルを、児童・生徒の購入の有無にかかわらず、教師が、授業の過程で児童・生徒に解かせるために複製又は公衆送信するようなことは、当該著作物の本来の流通を阻害することになります。ただし、例えば、児童生徒がドリルを忘れてしまった際に、ドリルの一部をコピーして渡すというような行為は、許容されるでしょう。また、採択していない教科書（採択外教科書）の中の著作物については、採択した教科書（採択教科書）と異なり、原則として、授業に必要な限度の範囲内で、通常の出版物の中の著作物と同様の複製・公衆送信が可能と考えられます。例えば、1冊の採択外教科書の中の多くの著作物を複製・公衆送信する場合は、著作権者の許諾が必要です。

■複製の部数・公衆送信の受信者の数■

○複製部数や公衆送信の受信者の数が、授業を担当する教員等及び当該授業の履修者等の数を超えるような場合は、そもそも「授業のために必要と認められる限度」を超えており認められませんし、併せて著作権者等の利益を不当に害する可能性が高いと考えられます。ただし、授業参観や研究授業の参観者に、授業で配布する著作物と同一の著作物を配布することは、「必要と認められる限度」と考えられます（⑦「必要と認められる限度」を参照）。

■複製・公衆送信・伝達の態様■

○「複製の態様」に照らして著作権者等の利益を不当に害する場合の例としては、仮に全部の複製が認められるようなケースであっても、市販のような様態で製本し、複製することが考えられます。

デジタルであるかアナログであるかは問いませんが、その複製物を単体で（教材の用途を超えて）他の利用に供することができるような場合には、著作権者等の利益を不当に害することとなる可能性が高いと考えられます。

○「公衆送信の態様」に照らして著作権者等の利益を不当に害する場合の例としては、学校、教育委員会のホームページや動画共有サービスなど、誰でもアクセスが可能なオープンなネットワーク環境（学校に在籍する教員や児童生徒以外の不特定者が、誰でも受信できるような態様）で公衆送信することが考えられます（この場合は、同時に「必要と認められる限度」の要件も充足しません）。著作権者等の利益を不当に害することがないように公衆送信を行うには、たとえば、授業支援クラウドなどで、IDとパスワードを児童・生徒全員に設定し、限定された児童・生徒のみに公衆送信したり、コンテンツの非公開URLを履修者である児童・生徒のみに伝えたりするなどの方法があります。いずれにせよ、授業の過程で利用することを実質的にコントロールできているかどうかが重要です。

○「伝達の態様」に照らして著作権者等の利益を不当に害する場合の例としては、この規定が授業の過程での利用に係る制限規定であることを考慮すると、授業の履修者以外の者にも見せるような態様で伝達することが考えられます。ただし、オンライン授業で保護者が機器の操作を補助することが必要な場合は、保護者は授業を支援するものと考えられ、著作権者等の利益を不当に害さないと考えられます。（⑥「授業を受ける者」を参照）

〈不当に害する可能性が高いため、補償金の範囲では利用できない例〉

●同一の教員等が、ある授業の中で、同一の書籍の中から1回目の授業で第1章、2回目で第2章を複製して配布するというように、同じ著作物や出版物の異なる部分を利用することで、結果としてその授業での利用量が当該著作物や出版物の多くの部分を使い、市販物の売れ行きを低下させるようなこと。

●授業を行う上で、教員等や児童・生徒が通常購入し、提供の契約をし、又は貸与を受けて利用する著作物ついて、購入等の代替となるような態様で、複製や公衆送信すること。
・著作物の例
〈教科指導〉教師用指導書、参考書、資料集、問題集、ドリル、ワークブック、テスト・ペーパー、授業で教材として使われる楽譜、副読本、教育用映像ソフト
ただし、履修者全員が購入していることが確認されている場合であって、問題の解説等を行う目的で付加的に複製等を行うことは許容される余地がある。
〈特別活動等〉演劇の脚本、読書会用の短編小説、部活動で使われる楽譜

●美術、写真など、「不当に害しない可能性が高いと思われる例」において全部の利用が認められている著作物を市販の商品の売上に影響を与えるような品質で提供すること

●市販あるいは長期間保存できるように製本して配布すること

●組織的に素材としての著作物をサーバへストック（データベース化）すること

おわりに

　教科書展示会で2020年度から使用される小学校の教科書を見てきました。この教科書は、次期学習指導要領に則って作成されたもので、どの出版社も、どの教科の教科書も、考える・調べる・話し合う・発表する力の育成に重点が置かれていることがわかります。

　特に学習活動の基盤となる学ぶ方法・スキルを育成する国語の教科書には、出版社によって濃淡はあるものの、情報モラルや著作権に関する扱いが大きくなったようです。著作者への敬意、著作物の尊重、出所、引用、複製、同一性保持権等が学年に応じて取り上げられています。これらの法的な意味は、大人でも理解することが難しい面もありますので、丁寧な指導が必要です。単に著作物への対応をマニュアル化して知識として教えるのではなく、その背景を知らせ、理由を考えさせることが重要であると考えます。

　まさに、次年度の教科書を見ることで、体系的な著作権教育の必要性をより強く感じました。教科書では、専門用語に短い説明を付していますが、時代的な背景・意義、法的な効果等について、まずは指導する担任の先生が正確に理解しておく必要があります。児童生徒は、教科指導のときに行われる著作権指導と、日常の生活の中で著作権に対応することで得られる習熟の二つが車の両輪になり、著作権に対する理解、意識、態度等を身につけていくことができます。

　これらは、今後の日々の日常生活、仕事を行う職業生活、市民としての社会生活に役に立ちます。現実の生活の中で遭遇する著作権に関する課題という応用問題を解いていくことができるようになります。

　本書は、知的財産に関して著作権を中心に書いたものですが、興味を持たれた方、さらに深く学びたいと思われた方は、専門書により専門知識の習得に努め、事例により応用力を身に付けてください。本書がその入り口となれば幸いです。

2019年7月　森田　盛行

著作物の利用に関する問合せ先

〈音　楽〉
一般社団法人日本音楽著作権協会（JASRAC）
〒151-8540 東京都渋谷区上原3-6-12
TEL 03-3481-2121（代）
https://www.jasrac.or.jp

〈脚　本〉
協同組合日本脚本家連盟　著作権部
〒102-0082 東京都千代田区一番町21
　　　　　　一番町東急ビル2階
TEL 03-6256-9961
https://www.writersguild.or.jp

協同組合日本シナリオ作家協会
〒103-0013 東京都中央区日本橋人形町
　　　　　　2-34-5
　　　　　　シナリオ会館2F
TEL 03-6810-9550
https://www.j-writersguild.org

〈コンピュータ・プログラム〉
一般社団法人コンピュータソフトウェア著作権協会
（ACCS）
〒112-0012 東京都文京区大塚5-40-18
　　　　　　友成フォーサイトビル5F
TEL 03-5976-5175
https://www2.accsjp.or.jp

〈美　術〉
一般社団法人日本美術家連盟（JAA）
〒104-0061 東京都中央区銀座3-10-19
　　　　　　美術家会館5階
TEL 03-3542-2581（代）
http://www.jaa-iaa.or.jp

一般社団法人日本美術著作権協会（JASPAR）
〒104-0061 東京都中央区銀座3-10-19
　　　　　　美術家会館6F
TEL 03-6226-5951
http://jaspar.or.jp

〈ビデオ〉
一般社団法人日本映像ソフト協会（JVA）
〒104-0061 東京都中央区銀座5-13-3
　　　　　　いちかわビルディング7階
TEL 03-3542-4433（代）

https://www.jva-net.or.jp

〈映　画〉
一般社団法人日本映画製作者連盟
〒103-0027 東京都中央区日本橋1-17-12
　　　　　　日本橋ビルディング2F
TEL 03-3243-9100
https://www.eiren.org

株式会社日本国際映画著作権協会（JIMCA）
〒102-0083 東京都千代田区麹町2-2-31
　　　　　　麹町サンライズビル10階
TEL 03-3265-1401
https://www.jimca.co.jp

〈実　演〉
公益社団法人日本芸能実演家団体協議会（芸団協）
／実演家著作隣接権センター（CPRA）
〒163-1466 東京都新宿区西新宿3-20-2
　　　　　　東京オペラシティタワー11階
TEL 03-5353-6600（代）
https://geidankyo.or.jp
https://www.cpra.jp

〈写　真〉
一般社団法人日本写真著作権協会（JPCA）
〒102-0082 東京都千代田区一番町25
　　　　　　ＪＣＩＩビル403
TEL 03-3221-6655
https://jpca.gr.jp

〈小　説〉
公益社団法人日本文藝家協会
〒102-8559 東京都千代田区紀尾井町3-23
　　　　　　文藝春秋ビル新館5階
TEL 03-3265-9658
https://www.bungeika.or.jp

〈著作物〉
公益社団法人著作権情報センター（CRIC）
〒164-0012 東京都中野区本町1-32-2
　　　　　　ハーモニータワー22階
TEL 03-5333-0393
https://www.cric.or.jp

〈文献複写〉
公益社団法人日本複製権センター（JRRC）
〒105-0002 東京都港区愛宕 1-3-4
　　　　　　愛宕東洋ビル 7 F
TEL 03-6809-1281
https://jrrc.or.jp

〈レコード〉
一般社団法人日本レコード協会（RIAJ）
〒105-0001 東京都港区虎ノ門 2-2-5
　　　　　　共同通信会館 9 階
TEL 03-5575-1301（代）
https://www.riaj.or.jp

〈放　送〉
日本放送協会（NHK）
〒150-8001 東京都渋谷区神南 2-2-1 NHK
TEL 0570-066-066（NHKふれあいセンター）
https://www.nhk.or.jp/

一般社団法人日本民間放送連盟（JBA）　番組・
著作権部
〒102-8577 東京都千代田区紀尾井町 3-23
TEL 03-5213-7711（代）
https://j-ba.or.jp

〈公衆送信〉
一般社団法人授業目的公衆送信補償金等管理協
会（SARTRAS）
〒100-0014 東京都千代田区永田町 2-4-3
　　　　　　永田町ビル 6 F
TEL 03-6381-5026
https://sartras.or.jp

〈出　版〉
一般社団法人日本書籍出版協会
〒101-0051 東京都千代田区神田神保町 1-32
　　　　　　出版クラブビル 5 F
TEL 03-6273-7061（代）
https://www.jbpa.or.jp

参考文献

野中陽一編『教育の情報化と著作権教育』三省堂　2010年

大和淳・野中陽一・山本光編『著作権教育第一歩：先生のための入門書』三省堂　2013年

日本知財学会知財教育分科会編集委員会編『知財教育の実践と理論』白桃書房　2013年

加戸守行著『著作権法逐条講義』〔6訂新版〕著作権情報センター　2013年

半田正夫・松田政行編『著作権法コンメンタール1』〔第2版〕勁草書房　2015年

半田正夫・松田政行編『著作権法コンメンタール2』〔第2版〕勁草書房　2015年

半田正夫・松田政行編『著作権法コンメンタール3』〔第2版〕勁草書房　2015年

半田正夫著『著作権法概説』〔第16版〕法学書院　2015年

野口武悟編著『一人ひとりの読書を支える学校図書館：特別支援教育から見えてくるニーズとサポート』読書工房　2010年

野口武悟・植村八潮編著『図書館のアクセシビリティ：「合理的配慮」の提供へ向けて』樹村房　2016年

黒澤節男著『Q&Aで学ぶ図書館の著作権基礎知識』〔第4版〕太田出版　2017年

作花文雄著『詳解　著作権法』〔第5版〕ぎょうせい　2018年

索 引

著者紹介

森田　盛行 <small>（もりた　もりゆき）</small>

・・

中央大学法学部卒業。小学校の教諭を経て、（公社）全国学校図書館協議会に入局。選定部長等、事務局長、理事長を経て2017年に退任。現在は全国学校図書館協議会顧問、NPO法人学校図書館実践活動研究会（SLPA）会長。主な著書に『気になる著作権Q＆A：学校図書館の活性化を図る　増補改訂版』（全国学校図書館協議会　2019）のほか、共著『学校図書館の活用名人になる』（国土社　2010）、共著『国語科重要用語事典』（明治図書出版2015）、共著『改訂新版　学校経営と学校図書館』（放送大学教育振興会　2017）、共著『司書教諭・学校司書のための学校図書館必携　理論と実践　改訂版』(悠光堂　2017) がある。監修に『ぼくの わたしの 著作権ずかん』（ほるぷ出版　2021）がある。

みんなで学ぼう学校教育と著作権

〜著作権の基本から指導まで〜【増補改訂版】

分類017

2019年7月25日　初版発行
2024年7月31日　増補改訂版発行

著　　者　森田盛行
発 行 者　設楽敬一
発 行 所　公益社団法人全国学校図書館協議会
　　　　　〒113-0034 東京都文京区湯島3-17-1
　　　　　湯島大同ビル
　　　　　TEL 03-6284-3722（代）
　　　　　FAX 03-6284-3725
印刷・製本所　瞬報社写真印刷株式会社